BIBLIOTECA ERA

CARLOS MONSIVÁIS

■

SALVADOR NOVO

LO MARGINAL EN EL CENTRO

CARLOS MONSIVÁIS

■

SALVADOR NOVO
LO MARGINAL EN EL CENTRO

EDICIONES ERA

Primera edición: 2000
ISBN: 968.411.501.6
DR © 2000, Ediciones Era, S. A. de C. V.
Calle del Trabajo 31, 14269 México. D. F.
Impreso y hecho en México
Printed and made in Mexico

A
Marta Lamas
Raquel Serur
Bolívar Echeverría
■

Roberto Montenegro, grabado en madera, en *Ensayos*, 1925.

A manera de pórtico
■

A lo largo de su vida, Salvador Novo (1904-1974) irrita y fascina por la provocación y deslumbra por el talento, alarma por la conducta y tranquiliza con el ingenio, perturba por su don para el escándalo y divierte al añadir el escándalo al show de la personalidad única. Y sólo después de su muerte se advierte la calidad del conjunto.

En el México que le toca vivir, Novo, ciertamente, no es ejemplar. Y como ningún otro de sus semejantes, está al tanto de la estrategia de resistencia: de no acentuar rasgos de la conducta (inevitable), al tiempo de un trabajo incesante, se le ubicará como un ser meramente ridículo, un "fenómeno" menospreciable. Por eso, subraya la singularidad y alienta las murmuraciones y el morbo. En los albores de la modernidad urbana, Novo va a los extremos y, a contrario sensu, obtiene el espacio de seguridad indispensable en la época en que los prejuicios morales son el único juicio concebible. Lo que su comportamiento le niega, su destreza lo consigue, y por eso Novo desprende de su orientación sexual prácticas estéticas, estratagemas para decir la verdad, desafíos de gesto y escritura. Como en muy pocos casos, en el suyo es perfecta la unidad entre persona y literatura, entre frivolidad y lecciones-de-abismo, entre operaciones de sobrevivencia anímica y decisión de sacrificar la Gran Obra (para la que se halla especialmente dotado) por el placer de verse a sí mismo, el expulsado, el agredido, en el rol de gran espejo colectivo, no el principal, de ninguna manera el último.

Si no con la intensidad de José Vasconcelos o la congruencia de Carlos Pellicer, Novo intenta desmedidamente la refinada y sagaz travesía: el intelectual que se propone ser figura popular, el hombre marginal que obtiene el acatamiento de la sociedad que, moralmente, lo desprecia. En lo internacional y en más de un sentido, como imagen adjudicable, el gay surge de los procesos de Oscar Wilde, que hacen visible al *Otro*. Y en México, con Novo empieza de modo ostensible la sensibilidad gay. Como Wilde, puede decir: "Puse mi genio en la vida y mi talento en mis obras", lo que no es sino la fe en la dimensión artística de la vida. Como Wilde, en Novo el personaje se incorpora a la lectura de sus textos. A diferencia de Wilde, la sociedad que lo persigue termina reconociéndolo –y, por lo mismo, ocultando su significado– en vida.

Lo marginal en el centro. En la primera fila, el humillado y zaherido, el testigo al que su brillantez convierte en actor, el provocador al que con frecuencia se le olvida su función solemne. Así, entrevistado en 1958 por Emmanuel Carballo (*19 protagonistas de la literatura mexicana*), Novo describe a Torres Bodet y, de paso, se ubica:

> Jaime no ha tenido vida, ha tenido desde pequeño biografía. Yo, por el contrario, he tenido vida. La biografía de un hombre como yo heriría las "buenas costumbres".

Novo sí dispone de un biógrafo a la medida de su ofensa a las buenas costumbres: él mismo. En artículos, crónicas, poemas y memorias, no deja casi nada al azar, revela la parte oculta de su vida, hace suyos y consigna los juicios negativos sobre su persona física, y exhibe a fondo los datos relevantes y los irrelevantes de su vida cotidiana. Una de sus hazañas está (obviamente) a la vista: nunca, ni por un minuto, conoce el significado de "estar en el clóset" y no sólo en el sentido sexual. La intimidad de un autor está siempre a la disposición de sus lectores.

I. La infancia

■

LA PUERTA DE LOS LIBROS Y LA ÍNTIMA FELICIDAD

Habla de sí mismo el cronista: "Nacido en la ciudad de México en 1904, hijo único de Andrés Novo Blanco, español, y de Amelia Espino, mexicana, desde muy niño se aficionó a lo que entonces pasaba por poesía. Esta inclinación receptiva pudo bien nutrirse en los modelos académicos que fueron el alimento y la norma del adolescente que de los seis a los doce años, en Torreón, huía por la puerta de los libros a una realidad revolucionaria que rodeaba su soledad sin juegos ni amigos. [Después] me reintegré a un México que habría de revelarme a Darío y a su modernismo que arrollara a mis viejos pequeños dioses".

Con insistencia, Novo refiere en crónicas y artículos la revolución que le toca vivir, la opuesta a la recreada por Nellie Campobello en *Cartucho*. En *Return Ticket*, Novo describe el Torreón revolucionario y la casa cerca de la alameda,

en un rumbo entonces muy despoblado y que nadie quería habitar porque nada lo defendía de las balas y de las bombas y además era siempre por ahí por donde entraba Villa con sus hordas. Cateaban constantemente nuestra casa y, con el rifle en la mano hacían que mi padre entrara delante de ellos a los profundos sótanos. Y la sagacidad política de mi padre no iba más allá de tener un retrato de Madero que colocábamos en sitio visible de la sala o insertábamos en un colchón según los revolucionarios que nos catearan. Si eran partidarios de Madero, mi padre los conducía con muchas atenciones a la sala y, como que no quería la cosa, les hacía notar el retrato con una tos, con una sonrisa o con una mirada repentina.

La íntima furia reaccionaria y el testimonio abrumador. En varias ocasiones, Novo refiere su horror a *esa* revolución, a los gritos de muerte y de victoria, a los saqueos, a su madre enfrentándose al caudillo que le perdona la vida del esposo porque ya mataron al tío. En su reflexión poética sobre la infancia, *Espejo*, Salvador Novo divide la sensibilidad *diferente* en dos órdenes: la conciencia de la fragilidad y la certidumbre de la inteligencia, definida entonces como despliegue de la curiosidad:

La Historia

¡Mueran los gachupines!
Mi padre es gachupín,
el profesor me mira con odio
y nos cuenta la guerra de independencia
y cómo los españoles eran malos y crueles
con los indios –él es indio–
y todos los muchachos gritan que mueran los gachupines.

Pero yo me rebelo
y pienso que son muy estúpidos:
Eso dice la historia
pero ¿cómo lo vamos a saber nosotros?

Si algo reverencia Novo es la sentencia en la pared: "Infancia es destino". De cómo le va de niño desprende el rumbo de su existencia. Allí localiza su extrañeza ante la realidad inhóspita, su repudio de la barbarie, su decisión de asumirse como lo que es porque los demás proceden de igual modo sin ser –según él piensa– casi nada. Como muchísimos niños de la época, Novo va de un lado a otro, a la Ciudad de México, a Jiménez, Chihuahua, a Torreón, en donde se instala en 1910, y estudia con otros cuatro niños en el Colegio Modelo, la única escuela privada del municipio, para mujeres. Termina la primaria en 1915 y en 1917, al avecindarse la familia en la colonia Guerrero de la capital, ingresa a la Escuela Nacional Preparatoria.

La relación fundamental de la vida de Novo es doña Amelia, la madre, "neta, rotunda, vigorosa". Con ella entabla el tipo de relación que los primeros grandes divulgadores del psicoanálisis esperarían de un niño con tendencias "equívocas". En *La estatua de sal*, su libro de memorias sexuales, que se publicará veinticinco años después de su muerte, el trato madre-hijo está hecho a pedido:

> Tanto en esa ocasión, como casi todos los días, mi madre me acicalaba con exageración. Adoraba los bucles que peinaba en torno a mi frente, me empolvaba el rostro, me obligaba a fruncir la boca para que no me creciera, y me imponía, con igual propósito inhibitorio, calzado siempre más pequeño del que realmente pedía mi natural desarrollo.

La educación del niño es, por así decirlo, la de un objeto frágil y pudoroso. La madre vigila, inspecciona, de seguro al tanto del "secreto" que encubren los ademanes y la actitud del niño "rarito". Pero el proceso es indetenible, y se afirma en la certidumbre agónica de la diferencia. Inscrito en una escuela pública, Novo la abandona muy pronto: "Sentía terror por los muchachos, alegres y bruscos, y la hora del recreo, en que gritaban como fieras y se atropellaban, era para mí una hora de angustia y martirio. El 'rompan filas' era para mí el 'sésamo ábrete' del infierno".

Con su celo autobiográfico, Novo es la principal, y en muchos momentos la única, fuente de información sobre sí mismo. Cuando escribe *La estatua de sal*, las divulgaciones de Freud lo norman ideológicamente, y se siente atrapado por la inclinación irrenunciable y no solicitada, que es sin remedio una tremenda desventaja. Para explicarse convenientemente esa limitación, acude a los dispositivos del fatalismo. Él, tan libre para vivir, es tercamente determinista cuando quiere entender su comportamiento. Así refiere su primera noticia del sexo, la huida de la sirvienta Epifania con un desconocido, y el preestreno sexual con un mocito de nombre Samuel:

> Mientras jugaba solo, con mis cubos y mis cajas vacías de galletas, que construían altares, no necesitaba de más. Pero cuando jugaba con aquel chico, yo proponía que el juego consistiera en que fuéramos madre e hijo, y él entonces tenía que chupar mi seno derecho con sus labios duros y su lengua erecta. Aquella caricia me llenaba de un extraño placer, que no volví a encontrar sino cuando muchos años más tarde, al sucumbir a la exclusividad de su tumescencia, retrajo a mi recuerdo aquella primera y quizá definitiva experiencia, que a toda la distancia de su adquisición como forma predilecta de mi libido adulto, puede haber sido el trauma original que la explique.

Obsérvese "aquella primera y quizá definitiva experiencia [...] el trauma original". La aceptación del determinismo es comprensible: para una o varias generaciones de gays, la explicación freudiana, con el peso de la autoridad científica, es por entero preferible a sentirse una aberración de la Naturaleza. Infelices aquellos que murieron sin enterarse de la existencia del Inconsciente. Y el manejo más fluido de la opción sexual ("No es una deserción de la virilidad, es una aceptación de mi estructura psíquica"), sólo tiene dos gravísimos inconvenientes: le quita al comportamiento afrentoso el elemento de autonomía ("No puedes evitar hacerlo, así lo hagas como te da la gana"), y en un registro profundo hace que los gays, ya no "pecadores" o "criminales", se sientan enfermos, alejados para siempre de la curación.

A la elección del objeto del deseo, la sucede la etapa en que el protagonista es elegido por otros. En Jiménez, Chihuahua, donde la familia vive por un tiempo, Novo recibe clases a domicilio y el profesor lo seduce sin mayores trámites:

> y llevó su mano a mi bragueta. Con gran cautela me preguntó cómo se llamaba aquello. Yo le respondí que el ano;

porque ése era el nombre que mi madre me había enseñado a darle al pene. Como no pareció conforme con aquella alteración de la nomenclatura anatómica, por la noche traté de certificarla con mi madre, y le referí la enseñanza del profesor. Es bastante posible que su discrepancia haya provocado su despido.

El relato, breve joya de la literatura cómica, como todo en *La estatua de sal*, está al servicio de la obsesión. Ya en Torreón, Novo contempla los galanteos de la sirvienta Epifania y organiza sesiones travestis en el desván de su amigo Napoleón, quien, orgulloso, le confía a la madre de Novo: "Salvador y yo somos los dos afeminados de Torreón". En una piececita teatral, Novo interpreta al niño rico:

de los aplausos, de la sala llena de público, lo único que me hizo vibrar; y lo único que ha quedado indeleblemente grabado en mi recuerdo es el furtivo instante en que Jorge me llamó al camerino en que se maquillaba de anciano para recitar sus "Recuerdos de un veterano", y sujetando mi cabeza entre sus manos, oprimió sus labios húmedos contra los míos.

Aquel secreto que era al mismo tiempo una revelación vagamente esperada, me llenó de una íntima felicidad. Era el triunfo de mi belleza, la realización de mi anhelo de tener un novio como las muchachas del Colegio Modelo, la posibilidad de penetrar en el misterio del cuarto vacío a que el hombre desconocido se había llevado a Epifania. Aguardaba, con el corazón acelerado, el próximo paso que fuera a dar ese muchacho cuya presencia, tan inexplicablemente, no había advertido en todo el año; del que sólo ahora veía los ojos oblicuos y negros, la piel blanca y tersa, la boca roja dueña de mi dulce secreto. Por mucho que entonces me pareciera mayor, no podría, lógicamente, contar más que unos tres o cuatro años sobre mis doce.

Se transparenta la doble fascinación de Novo: la recaptura

del gozo de la transgresión (el sabor de lo prohibido) y el estar al tanto del estremecimiento de los lectores, a los que vuelve sus cómplices al compartir en detalle la iniciación de un púber homosexual en Torreón. Ya ni el autor ni el lector podrán alegar inocencia sobre el tema:

La mañana en que concluyeron los exámenes, la escuela se quedó vacía [...] Cuando [Jorge] se cercioró de que no había nadie, se asomó a la puerta y me llamó. Yo no aguardaba otra cosa. Con toda cautela, tembloroso de emoción, acudí a su llamado.

Sin pronunciar palabra, me atrajo a sí, me estrechó con fuerza, y fundió su boca con la mía en un beso largo y húmedo que penetraba con su lengua todos mis sentidos, que desleía su dulzura por todo mi cuerpo, que me daba un acre sabor a tabaco. Sin soltarme, llevó su mano a su bragueta, y extrajo de ella un pene erecto y rojizo que trató de poner en mis manos. Yo lo rechacé horrorizado. No había visto nunca una cosa semejante, enorme, veteada. Recuperando ávidamente mi boca, Jorge empuñó su pene, y vi salir de él unas gruesas gotas grises que chorrearon sobre el piso. Sólo entonces me abandonó y con el trapo con que se limpiaban los pizarrones, recogió cuidadosamente del suelo lo que había escurrido de su enorme gusano.

El tránsito a la madurez se colma de la franqueza insólita (el "enorme descaro") del escritor feliz al exhibir lo que juzga motivo de gozo por inevitable, y –situación a la que le concede igual trascendencia– por coincidir con su mapa freudiano de las "perversiones". Así, en *La estatua de sal* menciona las dos circunstancias que, "a su ligado turno", impidieron "orientar ortodoxamente el cauce de mi libido en desarrollo". El conocimiento de algunos manuales se torna para Novo, en su visión retrospectiva, el hallazgo de lo irremediable. Las circunstancias son, arquetípicamente, el miedo a la mujer y la incapacidad de trascenderlo en la práctica.

Novo descubre *La fisiología del matrimonio*, de Amancio Pera-
toner, cuyas láminas "revelaban a mis ojos atónitos el misterio
del otro sexo, carnoso y abierto a recibir al que en mí empezaba a poblarse de un tenue vello, y a erguirse ante la provocación de aquellas imágenes". Y, también, interesadamente,
recuerda la ocasión fatal que "pudo por entonces encauzar
correctamente mi desarrollo sexual": el forcejeo con una sirvienta rubia de su casa. *A punto de...* el ruido del comedor
separa al niño y a la joven y causa una frustración "definitiva y
traumática". Luego, viene el primer acto sexual con Pedro
Alvarado, un beisbolista, en un hotel de mala muerte.

Había una grande cama al fondo, adosada a la pared.
Pedro cerró la puerta, la aseguró, y abrazándome, me llevó
hasta la cama. A su presión, volví la espalda, cerré los ojos,
le dejé hacer, desabrochar mis pantalones con mano ex-
perta, tocarme y maniobrar con tan consumada pericia,
que no experimenté el menor dolor –aunque tampoco el
mínimo goce– al sentirme penetrado en un acto que imaginaba equivalente a la desfloración descrita en mi libro;
pero que en la realidad de mi carne, guardaba apenas una
molesta semejanza con la introducción de las cánulas para
enemas a que me sometían en casa cuando enfermaba. Y
ni vi, ni toqué su pene.

Tras la iniciación sexual más bien mecánica, la ida a la Ciudad de México. En sus textos, los afrentosos o los destinados
al consumo de la respetabilidad, Novo evita hasta lo último
incurrir en el sentimentalismo. Todo es y debe ser muy *matter
of fact*. Y no obstante eso, durante una etapa prolongada, la
clave de su actitud es el romanticismo amedrentado:

La nobleza, la fuerza y el denuedo de los héroes obraba en
mí, germinaba la adoración de su mitología, y poco a
poco, descubrí con asombro que estaba enamorado de
uno de aquellos héroes [...] Me humillaba, no el pensamiento de ser un *anormal*; no el hecho de sentir por ese

19

hombre un deseo y una pasión que yo no alcanzaba a sentenciar, a calificar de culpable; sino el hecho de que sin duda mi sentimiento era tan singular, me hacía tan único, tan extraño en el mundo, que si mi héroe lo conociera, lo probable es que me despreciara por ello, me humillara, me golpeara en vez de besarme.

Al seleccionar estos recuerdos, Novo se atiene a lo que escandalice al confesor o el psicoanalista que en cada lector acechan. Así, la ostentación de su maquillaje ("y para poderme aplicar, [...] todas las cremas y todos los polvos de sus plethóricas vitrinas; para pulir mis uñas con sus bellas herramientas de marfil y llegar a la escuela lleno de vanidad"); así, usar los zapatos de la madre para caminar por el pueblo en las noches; así, las imitaciones de las divas italianas; así, advertir "que mi pecado era menos singular que como hasta entonces lo concebía"; así, su conocimiento de los seres excéntricos del "Ambiente", el ghetto homosexual de *los Entendidos,* los que *entienden* el secreto.

II. El paisaje formativo

■

Para la generación de Novo, la experiencia fundamental es la Revolución mexicana. La acepten o se opongan a ella, es su horizonte imprescindible, lo que amolda o desintegra a las personas y familias. Para Novo, la Revolución es antes que nada la muerte del tío a manos de salvajes, y esto fomenta a grados extremos su conservadurismo; también, la Revolución, origen de las instituciones, es la única salida de los jóvenes escritores. Es la principal fuente de empleo (fuera del gobierno no hay difusión cultural ni mecenazgo) y es, por unos años, la mística genuina que le aporta militantes a las campañas educativas. Novo, muy joven, recorre el país con los ministros de Educación, y escribe discursos a pedido, previo manejo impecable de la retórica oficial. Si escribe sátiras y poemas contra la Revolución y sus ideales, también se somete a su influjo en oficios burocráticos y (algunos) artículos del periódico. En última instancia, la Revolución le parece un episodio sangriento y ocasionalmente divertido. En su diálogo con Carballo, Novo anota sus impresiones del movimiento armado:

—¿Qué me dice de Francisco Villa?
—Sus hordas mataron a un tío de mi madre. Ésta fue, en Torreón, a ver a Villa. "Ya lo mataron mis muchachos —le dijo—, ni modo. En compensación, a tu marido le perdonaremos la vida aunque sea gachupín."
—¿Conoció a Madero?
—A los seis años me llevaron a verlo, como hoy llevan a los niños a contemplar los changos al zoológico de Chapultepec.

21

–¿Y a Carranza?

–En Torreón, mi padre, y yo con él, fuimos a un desfile en el que participaba Carranza, ese precursor del cine y la televisión. Fue para mis ojos un día de fiesta. ¡Había tan pocas diversiones!

–¿Qué recuerdos guarda de Obregón?

–Al "Caudillo" me lo presentaron, cuando iba a asumir de nuevo la presidencia, en casa del doctor Puig: se celebraba una posada. Como variedad me pidieron que imitase algunas personas conocidas. Imité a Bernardo Gastélum, uno de los íntimos del general. Se puso furioso. Me iba a correr de la burocracia. El día que lo mataron, yo respiré.

–Hábleme del Jefe Máximo.

–A Calles lo conocí en Jalapa durante una comida íntima. Él en su trono, yo en mi silla.

Novo, prolífico y colmado de compromisos, se contradice de modo frecuente. Elogia sin término en una columna las novelas revolucionarias del general Francisco L. Urquizo y es uno de los oradores en el entierro de Mariano Azuela. Sin embargo, en la entrevista con Carballo, es despiadado con los novelistas de la Revolución, para ya no hablar de la opinión que le merecen los caudillos. Los narradores

han querido hacer de un espécimen, un género, lo cual es una aberración zoológica. A estos brutos –los revolucionarios como Zapata y Villa– los escritores los hicieron hombres, figuras: les concedieron la facultad de raciocinio, la conciencia de clase, la posibilidad de la indignación y del amor ante determinadas circunstancias sociales. En otras palabras, los inventaron.

En determinados casos, Novo simplemente se niega a comprender y a los revolucionarios que en su memoria siguen devastando el escenario de su infancia, siempre tan viva a sus ojos, les adjudica a manera de juicio histórico los efectos de su

22

violenta repugnancia. Por lo demás, sólo a partir del presidente Miguel Alemán desiste de su credo: los poderosos "huelen a revolución" y él detesta los malos olores.

LAS CIRCUNSTANCIAS DEL PAÍS

En 1921 el vértigo se va aquietando. En la capital de la República las sacudidas políticas y religiosas no modifican el control de los revolucionarios, y es tiempo de que los intelectuales pacten con lo inamovible. Un miembro de la generación anterior a la de Novo, la llamada del Ateneo de la Juventud, José Vasconcelos, cercano por un tiempo a Pancho Villa y rector de la Universidad Nacional de México (1920), no vacila en aliarse con el presidente Álvaro Obregón, que lo nombra secretario de Educación Pública. Vasconcelos construye su programa sobre una idea: la entraña de una revolución verdadera es el humanismo, y eso lo conduce a exaltar la utopía de la patria nueva, mezcla de los impulsos de "lo íntimo" (Ramón López Velarde) y de lo público (Diego Rivera). El proyecto es y quiere ser renacentista: se recupera y difunde la cultura clásica, se subraya la concepción apostólica o misionera de la enseñanza, se ensalzan la lectura y los clásicos occidentales, se efectúa un primer inventario de los bienes artísticos del pueblo, se cree en la unidad iberoamericana. No importa que los gobernantes sean antiintelectuales, la educación nos hará libres.

Vasconcelos representa la alianza un tanto forzada de la energía revolucionaria y la cultura humanista, de la impaciencia por imprimirle otro rumbo a la nación y la urgencia de centralizar el mando. Para ganar la confianza de la nueva casta gobernante, y persuadirse a sí mismo, Vasconcelos profundiza en su vitalismo (y eso lo lleva a ser antiintelectual), pero también, glorias de la paradoja, con tal de sustentar el vitalismo, Vasconcelos busca a los jóvenes escritores y los convoca a una empresa de dimensiones hazañosas, donde la tarea educativa forja el temperamento colectivo y estimula la creación de obras personales.

23

Si ya no es fácil captar el sentido de esa lucha, es porque en lo básico aquel sueño cultural se ha cumplido. Una minoría creciente tiene acceso a la gran cultura universal, se multiplican revistas y ediciones, e Internet prodiga las posibilidades informativas. Pero en 1921 todo está por hacerse, escribir es disipar fronteras, romper el cerco, evitar que lo nacional se convierta en lo fatal. El verdadero tiempo perdido es el que desvincula de la cultura primordial, cuando se le cede a *lo que ocurre allá afuera* el lugar intransferible de la imaginación. Hay que sobrevivir, desde luego, pero la sobrevivencia no exige disolver la exigencia crítica.

Saltar etapas: en unos cuantos años una minoría enérgica quiere resolver el postergamiento cultural, la desvinculación con lo más vivo de Occidente. Vasconcelos promueve a los muralistas que son a México lo que, según el persuasivo alegato de Miloscz, fue Maiakovsky a la URSS, la interacción de dos mesianismos: la clase obrera como redentora y la nación como redentora. Se extiende el triunfalismo y se recibe con alborozo otra idea de la revolución, no lo ocurrido en los campos de batalla, sino el anhelo de cambio espiritual en escuelas, comunidades rurales, ministerios, oficinas, redacciones.

Temor de la violencia, diversiones, espectáculos, conciencia inescapable de la nación. Detrás de las respuestas culturales se mueven miedos de clase, asomos a lo inesperado, vislumbres renacentistas, fascinación inevitable por las imágenes revolucionarias... y desdén y encono hacia los gobernantes nuevos, los generalotes y licenciados cuya patanería ratifica la ausencia del Espíritu, y cuyo punto de acuerdo con los gobernados es el culto al machismo, que antes de ser artificio escénico para los desposeídos, es requerimiento vital: "Si me han de matar mañana, que me maten de una vez". Se muere con gracia y elegancia ante el pelotón de fusilamiento, sin derramar la ceniza de un puro; se mata en plena convicción resarcidora. La cultura es lo prescindible (lo ornamental) y los cultos, a no ser que demuestren lo contrario, son enemigos emboscados, traidores naturales a su sexo y su país. Los rituales de la Masculinidad sin Tacha, y la identificación del fenómeno revolucionario con el arrojo suicida, hacen del machismo el primer requisito de adaptabilidad. El segundo, considerablemente más recompensado, es el oportunismo.

A los culturati sólo les quedan dos salidas: el exilio interno ("*vivo aquí pero pienso y escribo con ánimo internacional*") y la fe en el "saber de salvación": para todos a condición de que todos sean unos cuantos. Entonces, mientras la sociedad nada más reconoce como lectura "provechosa" la que se presta a la identificación sentimental y a la memorización, los nuevos escritores carecen de influencia perceptible y su público es previsiblemente limitado. Por eso, en su mayoría se adhieren a la causa del ministro Vasconcelos. Es su oportunidad de volver legible y compartible la revolución que los incita, aterra y deslumbra.

"LA PROPIA NOTA INEXPRESADA DE LA MISMA CANCIÓN"

Al llegar a la Ciudad de México, hecho liberador que, de golpe, acrecienta sus posibilidades de goce físico, Novo, con rapidez, se pone al día culturalmente al sumergirse en las atmósferas de la Escuela Nacional Preparatoria. Allí conoce en 1917 a Carlos Pellicer, que declama en el Anfiteatro Bolívar, y allí, en 1918, entabla la amistad primordial con Xavier Villaurrutia, un año mayor. En un poema de *Espejo*, Novo recrea el vínculo:

XV

No podemos abandonarnos,
nos aburrimos mucho juntos,
tenemos la misma edad,
gustos semejantes,
opiniones diversas por sistema.

Muchas horas, juntos,
apenas nos oíamos respirar
rumiando la misma paradoja

o a veces nos arrebatábamos
la propia nota inexpresada de la misma canción.
Ninguno de los dos, empero,
aceptaría los dudosos honores del proselitismo.

En la Ciudad de México todavía pequeña, Novo y Villaurrutia caminan, conversan infatigablemente, se muestran sus escritos, intercambian entusiasmos de lector. En su conferencia del ciclo *El trato con escritores*, Novo evoca a su hermano espiritual: "Xavier Villaurrutia era bajito de cuerpo, de espléndidas manos blancas, tersas, expresivas, de grandes ojos alertas, de boca gruesa, endeble sin embargo, delgado, débil, enfermizo". Esta criatura de la fragilidad es también muy hábil y promueve la carrera periodística de ambos. Y mantiene con Novo una relación, la más profunda para ambos, que termina en el desencuentro y la ruptura. En una carta desde New Haven el 15 de abril de 1936, Villaurrutia explica la relación y previene a Novo sobre su manía freudiana:

Pero nuestra amistad no se ha basado nunca en la razón ni en la inteligencia –la primera nos habría apartado ya, por muchas razones, la segunda nos habría vuelto a juntar forzada y artísticamente–, sino en cosas más inasibles y misteriosas, más oscuras y profundas. Pensarás que con ayuda del psicoanálisis todas esas cosas pueden ponerse en claro... y tendrás razón. Pero en nuestro caso ¿no te parece que más vale atizar su fuego oscuro y recóndito que sacarlas a la luz? Si nos subentendemos, si nos sobrentendemos a tientas ¿vale acaso la pena de encender la luz –la luz que, a lo peor, sería en nuestro caso, una impenetrable sombra espesa? (En *Cartas de Villaurrutia a Novo (1935-1936)*, Instituto Nacional de Bellas Artes, 1966. La edición está censurada por razones de "discreción moral".)

Villaurrutia es muy claro: ¿para qué indagar si en el trato tan íntimo hubo o no enamoramiento? Lo que haya sido se resuelve en la existencia de un ser contiguo a la vez idéntico y muy diferente. No tiene caso escudriñar lo que ya es para siempre conjunción.

EL MEDIO LITERARIO Y LA PRECOCIDAD EXITOSA

Precocidad inevitable: *El Universal Ilustrado* y *El Heraldo de México* dan a conocer en 1919 los textos de Novo. En 1922, Novo traduce para la Editorial Cvltvra un libro de cuentos de Francis Jammes prologado por Villaurrutia. Al medio cultural devastado por la huida o el exilio interno de los que estuvieron con Porfirio Díaz o apoyaron a Victoriano Huerta, se agregan los jóvenes brillantes, y Novo, cuyo "nicho ecológico" es la aceptación casi unánime de su talento, resulta el más destacado.

En el centro de la ciudad, y en la Preparatoria y en la Escuela de Leyes, se desenvuelve, pese y gracias a la Revolución, una cultura muy viva. Novo es alumno de López Velarde y conoce a Pedro Henríquez Ureña (1880-1950), el maestro por excelencia de la generación anterior, que reconoce su valía, lo incorpora a sus paseos intelectuales y quiere encauzar su vocación literaria. "Y me adoptó, podemos decir, me hizo dar clases en la Escuela de Verano; me hizo trabajar en la Universidad a su lado y empezó rígidamente a guiar mis lecturas, a emplear conmigo este método socrático que era tan grato, y tan fácil, de conversar largamente sobre temas que él suscitaba."

Henríquez Ureña, ensayista notable, es, sobre todo, un incitador cultural. Maestro inevitable de sus propios compañeros del Ateneo de la Juventud o Ateneo de México (Alfonso Reyes, Martín Luis Guzmán y Julio Torri), busca conversos a la disciplina intelectual e incorpora a sus diálogos y exigencias de lectura al poeta nicaragüense Salomón de la Selva, al economista Eduardo Villaseñor, al historiador Daniel Cosío Villegas. Novo, por un tiempo, es discípulo de don Pedro, que le exige hacerse duro, barrer nieve en Nueva York, aprender filología, y que también busca atraerlo físicamente para rechazarlo de inmediato: "Es un acto sucio e indebido [...] Está mal. No debe ser".

Resentido por lo que considera malos tratos de Henríquez Ureña, Novo más tarde lo responsabiliza de las reyertas y falsas erudiciones del medio literario:

La culpa la tiene un hombre solo, maniático por descubrir genios y trazarles caminos, a quien es inútil nombrar porque de 15 años acá, no hay en México –y dicen que en América– aficionado a la escritura y a la lectura que no haya recibido, directa o indirectamente, su influencia. Diestra pilmama (se asegura que dirigía el Ateneo de México), esta influencia extraña resultó ser pésima maestra, al ahogar la personalidad, reducir el hombre al índice y el escritor al retazo erudito. Los jóvenes nos hemos reído de ella, echándonos encima su odio africano y el de aquellos que le son dúctiles al punto de estimarnos si se los ordena su maestro y de odiarnos para complacerlo. (*El Universal Ilustrado*, 19 de febrero de 1925. En *Viajes y ensayos II*.)

CON MUCHOS PERO DOCTOS LIBROS JUNTOS

Años sin sosiego: en 1923 Novo publica una *Antología de cuentos mexicanos*, colabora en *El Chafirete* y hace periodismo. En 1924 es director del Departamento Editorial de la SEP. En 1926 él y Villaurrutia escriben revistas para el Teatro Lírico, y Novo da clases en la Escuela Preparatoria.

En 1919 conoce a Jaime Torres Bodet, al año siguiente secretario particular del rector de la Universidad, José Vasconcelos. Con Torres Bodet la relación de Novo es complicada. Si en los años finales son muy amigos, antes, socarronamente, más bien lo chotea: "Si quiere usted triunfar –me aconsejó [JTB] una vez– cómprese un coche, de mucha prestancia, e imparta una clase muy erudita, muy compleja, en la Escuela de Altos Estudios". En su poesía satírica, Novo no es muy cordial con Torres Bodet:

¡Qué barbaridat!
exclamó la comunitat.

Dejar de ser analfabet
para leer a Torres Bodet.
¡Francamente qué atrocidat!

A los otros integrantes de la generación los frecuenta Novo paulatinamente: Bernardo Ortiz de Montellano, Carlos Pellicer, Enrique González Rojo, José Gorostiza y dos jóvenes muy influidos por Villaurrutia: Gilberto Owen y Jorge Cuesta. Alfonso Reyes, de regreso de Europa, los conoce y los reconoce. En una carta al escritor español Antonio Solalinde, Reyes le cuenta: "Hay entre ellos [los literatos jóvenes] mucha mariconería, enfermedad nueva aquí, y eso me aleja de muchos y me hace sufrir, pues no soy tan escéptico e indiferente como yo mismo me lo figuraba. Los nombres principales: Xavier Villaurrutia, prosista sobre todo y también poeta, crítico: el único culto de todos ellos, muy inteligente; Carlos Pellicer, poeta inculto, simpático, chicanesco, que cree ser original porque no sabe nada de lo que han escrito los hombres, y que, a pesar de estar tan dotado, acaso va a fracasar entre un piélago de frases admirativas y una tempestad de palabras vulgares. Salvador Novo, ingenioso y no muy orientado todavía".

El trato con el régimen de la Revolución se da a través de la institución del mecenazgo que dispensan algunos ministros cultivados o que creen serlo. Según Novo y Torres Bodet, los mecenazgos reconocibles son tres: 1] el patrocinio de Vasconcelos en la Secretaría de Educación Pública (1921-24); 2] el patrocinio del doctor Bernardo J. Gastélum en la Secretaría de Salubridad (1924-28), y 3] el patrocinio de Genaro Estrada, subsecretario de Relaciones Exteriores. El cenáculo –así llamado– se distingue por su cohesión, su aceptación o búsqueda del mecenazgo y su afán de internacionalizar su visión literaria.

Antes de Internet, la política literaria le exige a cada generación la publicación de una revista. Novo y Villaurrutia inician en mayo de 1927, *Ulises* (el epígrafe de Gide: "hay un poco de Simbad en Ulises"), en buena medida una aventura de autopromoción obligada, y de divulgación de los artistas y los escritores que les importan. Novo allí publica *Return Ticket* por entregas. La revista dura siete números. En 1928 Jorge Cuesta se hace cargo de una tarea de grupo. Él y Villaurrutia preparan la *Antología de la poesía mexicana contemporánea* (Editorial Contemporáneos) que firma únicamente Cuesta. La antología provoca los rechazos y las agresiones de los excluidos y de un incluido, Manuel Maples Arce, en desacuerdo con la nota introductoria, donde se le sitúa aparte, "más que solitario, aislado. Esta isla que habita y que bautizó –en un alarde de 'acometividad pretérita', romántica– con el nombre injustificado de *estridentismo,* le ha producido los beneficios de una popularidad inferior pero intensa". En 1940, en su *Antología de la poesía mexicana moderna* (Poligráfica Tiberina, Roma), Maples Arce se desquita. Habla de la "falta de virginidad expresiva" y "el elemento frágil" del temperamento de Torres Bodet, considera a Ortiz de Montellano "errata de la poesía mexicana", y se encarniza con Novo y Villaurrutia. Del primero afirma:

Salvador Novo es, de los poetas que en número simbólicamente mexicano se encerraron en el círculo de "Contemporáneos" similinclinados por los mismos complejos y tendencias, uno de los que más ha tentado el demonio de la frivolidad. "Le style a un sexe –decía Marivaux– et l'on reconnait les femmes à une phrase." Aquí la identidad resalta por una intención de trivialidad: ya no se disimulan los deseos bajo ningún eufemismo sexual, como en sus otros compañeros de tribu, sino que se proclama textualmente y sin rodeos la relación que existe entre la confidencia individual y la imagen.

Y a Villaurrutia no le va mejor :

Fruto de ese vicio impune de que habla Valery Larbaud –inconforme con su propia desnudez–, la poesía de Villaurrutia se ofrece marcada por las fatalidades del sexo, bajo un arreglo de palabras que apenas encubre los artificios de una falsa elaboración [...] Sirviéndose de la inversión como método poético [...] Así, esta poesía sometida y limitada a una expresión ajena, no copia en su congelada superficie más que paisajes, naturalmente invertidos, en aguas muertas de reflejos.

Este tono, multiplicado, recibe a la *Antología* de Cuesta y rodea la publicación de *Contemporáneos*, "3 años –36 números– 3 456 páginas de texto", cuantifica Bernardo Ortiz de Montellano, uno de los cuatro directores de los primeros ocho números de la revista. (Los otros: Bernardo J. Gastélum, Jaime Torres Bodet, Enrique González Rojo.) Luego, Ortiz de Montellano es el director único. *Contemporáneos* se inicia en junio de 1928 y termina con el número 42-43 de noviembre-diciembre de 1931.

Ya para 1938 *Contemporáneos* se sujeta al inevitable parricidio. El 17 y el 24 de diciembre, en la revista *Hoy*, Antonio Magaña Esquivel organiza una encuesta sobre *Contemporáneos*, y casi todos los participantes dan por jubilados a los escritores de la revista. El poeta Efraín Huerta es el más severo. Para él, el grupo *Contemporáneos* "fue profundamente inmoral, por profundamente insincero". En su respuesta en *Hoy*, Novo halla inexplicable las dos páginas dedicadas

al vacío de preguntarles a los enanos sietemesinos y a los bizcos qué opinan de los Contemporáneos porque: a] a nadie le importan un serenado rábano los Contemporáneos y b] a nadie le importa un cacahuate lo que los fetos y los endriagos piensen de los Contemporáneos. Quienes desde *El NAZIonal* se desgañitan gritando que ellos son la divina garza en ayunas y "enjuiciando" a los que vivieron de espaldas a México, pueden seguir practicando su autoerotismo cuanto quieran en ese periódico, que con su pan, bien mezquino por cierto, se lo merienden, sazonado con ardores; y pueden seguir dudando de que haya existido el gran poema al que se viven plagiando desde la publicación de *Nuevo Amor*.

III. El Ambiente: donde todos los que son suelen ir a los mismos lugares
■

Si la Revolución crea los espacios de desarrollo de una sensibilidad distinta, también los revolucionarios se jactan de un machismo rampante. (No uso homofobia, por ser un término correspondiente a la época que ya califica negativamente el odio irracional al homosexual. Antes, cuando todos la comparten, no tiene caso especificar.) Los climas de guerra demandan valentía, suprimen el respeto a los derechos humanos (por lo demás casi inexistente) y mantienen una tesis: un maricón ofende a la hombría, a México, a la revolución. Y no se necesita argumentar al respecto, como sucede en Cuba con el libro del Che Guevara *El socialismo y el hombre nuevo*, la visión milagrera de los efectos de la conciencia militante. Si la Revolución Mexicana no admite la "traición a la especie", sí fomenta los espacios donde se alojan lo insólito y lo antes inconcebible, y en la capital ya no porfirista ni sujeta del todo a la moral y las buenas costumbres, hay mujeres libres no calificables de prostitutas y homosexuales que circulan sin el temor de ser asesinados o ultrajados, como sucede en provincia. En Torreón, al Novo de las provocaciones lo hubiesen golpeado y emplumado antes de expulsarlo.

En la Ciudad de México, la Revolución rompe tabúes mentales, deshace prejuicios y desbarata en una semana convicciones que se juzgaban eternas y que se restauran bajo el auspicio de la hipocresía unánime. Por eso, aun si la disidencia sexual es reprimida cruelmente, ya la ciudad permite la mínima visibilidad que es enorme en comparación, por iluminar esa sociedad en las criptas, el ghetto homosexual, *el Ambiente*. Al describir la ciudad del deseo sumergido, Novo traza el único relato disponible sobre esos años, y lo hace a través de biografías de unas cuantas líneas, de apodos que son todo el currículum vitae necesario, de excéntricos que comienzan a serlo para disfrazar sus inclinaciones. En el aprendizaje "de la cofradía", Villaurrutia, un año mayor que Novo, versado en literatura francesa, le revela a Novo autores entonces francamente escandalosos: Gide (*El inmoralista*) y Huysmans (*Al revés*). Si Novo, más tarde, los califica ingenuamente de "tan ingenuos", nunca en verdad renuncia a su magisterio y al de Wilde, leído por ellos "con culpable fruición admirativa". En *La estatua de sal*, Novo recapitula el acercamiento de dos adolescentes:

> La conversación a propósito de Wilde fue acercándonos a la confidencia. Yo no disimulaba mis inclinaciones: Xavier no parecía haber descubierto las suyas, o bien se resistía a reconocerlas. Su entrega, o su definición, ocurrió como era lo propio en una vida ceñida siempre por la más rígida contención literaria: en las cartas que nos cruzamos durante el último viaje emprendido por mi madre, conmigo, a Torreón. Yo le hablaba en las mías del choque que me había provocado el encuentro con los residuos de mi niñez; de los muchachos que ahora veía con otros ojos, del Ángel Gallardo de quien me había hablado Pedro Alvarado: a quien busqué y llevé a mi cama como si pretendiera, en una revancha neurótica, sustituirme a mi violador en mi propia y nueva imagen. Xavier, al fin, me confió en sus cartas el júbilo de su descubrimiento de sí mismo –y el amor sin esperanzas que profesaba por Paco Argüelles, el guapo muchacho hijo del profesor de Historia.

Para que el ghetto confíe sus secretos, se dispone del método consagrado: la construcción de la red amistosa y la obtención del trato de los "Entendidos" a través de la cadena de actos sexuales. En cuartos de azotea, en departamentos y casas decoradas barroca o cursimente, en encuentros de ocasión, Novo capta el Ambiente, sus manías preciosistas, su agudeza para el apodo (ese sobrenombre vandálico que el tiempo despoja de su acidez volviéndolo un espejo entrañable), su solidaridad interna devastada por la lógica del marginal que se cree la causa y no el objeto de las persecuciones.

En estos grupos hay reglas semejantes a las de cualquier país, según revelan las historias de la sexualidad. Entre ellas: el que huye de la norma heterosexual aleja en definitiva la felicidad y la vida amorosa; el "perreo" (el habla de las denigraciones mutuas) es el recordatorio incesante del menosprecio de los de afuera; el "travestismo verbal" es obligatorio porque lo más próximo a la esencia de los "raritos" es la identidad femenina por contagio; las relaciones amorosas entre los gays no funcionan ("pues a su juicio, uno se *salaba* al acostarse con seres tan de su propia especie"); la relación exclusiva es claramente inferior a la promiscuidad.

No hay tal cosa como la aparición súbita del universo gay en la Ciudad de México. En las catacumbas que son su "Universidad de la Vida", los-de-los-Otros ya deambulan con rigurosa disciplina nocturna, al acecho perpetuo de conquistas y de frustraciones, con los relatos gemebundos de exilios y escenas familiares disueltas al grito de "¡Te me largas!" Por allí, sin visibilidad pero tercamente, andan los seres de doble vida: alegres y audaces en el ghetto y decolorados o almidonados en sus trabajos. Pero la Revolución, al modificar de golpe demasiadas tradiciones, de algún modo relativiza los pecados. El ghetto gay, tan útil para el enaltecimiento de la norma, ve en el desprecio el primer reconocimiento público de existencia. Y también, para que el cielo de la heterosexualidad exista, se requiere fijar, con saña minuciosa, el infierno de los homosexuales, consistente en lo básico en búsquedas, desprecios y acoso social:

Descubierto el mundo soslayado de quienes se entendían con una mirada, yo encontraba aquellas miradas con sólo caminar por la calle: la Avenida Madero, por la que entonces la gente paseaba lentamente todas las tardes. Allí, en guardia a la puerta de El Globo, estaba siempre, con su bastón, sus polainas, su chaleco de seda, la mirada vaga y alerta de su pince-nez, sus bigotes grises aderezados, el señor Aristi, a quien llamaban *La Nalga que Aprieta*; por la puerta de junto al Globo se subía al despacho del licenciado Solórzano –de quien contaba Ricardo que en su casa, cantaba arias de ópera (*Ninon, Ninon qu'as-tu fait de la vie*), y al que apodaban *La Tamales*, porque hacía sus conquistas invitando a los jovencitos a merendar "unos tamalitos y una cerveza". Por ahí andaba a caza de clientela o de surtido, la *Madre Meza* –que nunca se acostaba con la mercancía que procuraba para sus compradores, supervivientes refinados del porfirismo.

El paisaje descrito por Novo es de una enorme desolación. Un orbe regido por la cacería, la compra, la espera, el vejamen de sí, la befa de los semejantes, se ajusta, queriéndolo o no, a las versiones patriarcales más negativas. Sin embargo en el conjunto no escasean el sentido del humor y el vuelo imaginativo. Novo carece de solidaridad explícita para con sus semejantes, pero su valentía es la solidaridad disponible porque al nombrar y describir, humaniza. El sarcasmo, la sátira, la desolación lírica, el ingenio, son formas o métodos que les dan voz a quienes nadie entonces considera dignos del uso de la palabra. Es una voz autodenigratoria, pero es con todo preferible al silencio. La risa del "perreo" es el primer anuncio de visibilidad.

Gracias a la literatura, Novo se enfrenta a uno de los estigmas más devastadores de los homosexuales: la condición sórdida. Cierto, la sordidez del Ambiente, impuesta por las prohibiciones y los linchamientos físicos y morales, consiste en lo básico en el sexo furtivo, en la expresión precipitada de las ganas, en la promiscuidad como el eterno retorno de lo insaciable. La sordidez es el abismo de las repeticiones, es el huir de la castidad que es el único ofrecimiento de las instituciones: "Tu orientación sexual y tú mismo son despreciables, pero si eres casto Dios te perdonará". Ante el cúmulo de sensaciones de suciedad anímica, Novo levanta el insulto potenciado por la eficacia verbal, vuelve memorable lo que en principio era ridiculizable, y reelabora el infierno social como paraíso escritural. Es preferible el autoescarnio a la autocompasión, y para que nadie le quite lo bailado, Novo da constancia satírica y elegíaca de su predilección. Sólo si los refiere por escrito, podrá estar seguro de sus actos

La conquista de la ciudad es la apropiación del territorio enemigo a través de la inteligencia y la agudeza. El poder de seducción se ejerce con choferes y luchadores, y con la sociedad entera. Novo predica literalmente con el ejemplo: si no se puede evitar su existencia, reconózcase la convicción de los seres marginales. Desde otra perspectiva, lo real es racional, y, por lo mismo, esta conducta que es tan real posee una lógica incontrastable, la del deseo que en sí mismo localiza el sentido de la vida. Así, lo vivido con pasión que a nadie daña, plantea brumosamente la gran posibilidad: que un comportamiento legal (la homosexualidad en México desde el siglo XIX está permitida simplemente porque los legisladores no se atrevieron a mencionarla) sea un comportamiento legítimo: "Si no puedes suprimirme, terminarás por reconocerme". El rechazo de la norma genera su propia normatividad.

¿CUÁNTOS CABEN EN EL ESPACIO DEL AMPLIO CRITERIO?

Es mejor casarse que quemarse, afirma el apóstol San Pablo. Ya en la década de 1920, aunque casi exclusivamente en la Ciudad de México, un número significativo señala desde su conducta: es mejor desprestigiarse que reprimir las apetencias, es mejor emblematizar la "traición a su sexo", difamando de paso la Esencia Nacional, que renunciar al instinto. Y en los espacios burgueses, al comenzar la institucionalidad revolucionaria, algunos asumen su disidencia con la discreción y la tranquilidad posibles. Son políticos (Luis Montes de Oca, secretario de Hacienda de Plutarco Elías Calles, y Genaro Estrada, secretario de Relaciones Exteriores), escritores (Salvador Novo, Xavier Villaurrutia, Carlos Pellicer, Elías Nandino), pintores (Roberto Montenegro, Manuel Rodríguez Lozano, Abraham Ángel, Alfonso Michel, Chucho Reyes Ferreira, Agustín Lazo, Enrique Asúnsulo), productores de cine (Felipe Subervielle, Agustín J. Fink), teatristas, actores (el más famoso: uno que emigra, Ramón Novarro), cantantes (José Mojica), compositores populares (Gabriel Ruiz, Pepe Guízar).

Esta visibilidad de la especie a través del morbo permite vislumbrar el universo del deseo distinto, promovido por el desarrollo de la secularización. Dios no ha muerto, pero ya no tiene tiempo de enterarse de todo o, si lo hace, desiste de la lluvia de fuego sobre Sodoma y Gomorra, y la ausencia de "fuego divino" inaugura el amplio criterio. Para usar una expresión de la época, "Si ya lo sabe Dios, que lo sepan los hombres". Y si se dejan ver las mujeres liberadas, los ateos, los comecuras, los comunistas, los partidarios del amor libre, ¿por qué no y pese a todo los gays? (A las lesbianas no se les percibe y falta para ubicar a los y las bisexuales. Lo más común es la existencia de "machos con deslices".) En la capital aún revolucionaria, los heréticos se mueven en el territorio de mínima tolerancia, máxima en términos comparativos, y, por supuesto, soportan agresiones, chistes, chismes, chacotas, despidos, relegamientos. Con todo, si los "traidores a Natura" no desisten de su conducta y la hacen más o menos "costumbrista", *lo sexualmente impensable* se va asimilando gracias a la persistencia.

"LA LEY DE LA DEMANDA Y DE LA OFERTA"

De entre los "heréticos", ninguno es tan cabalmente llamativo como Salvador Novo, a cuyo personaje edifica o instrumenta el cerco machista, la operación que apuntala el paradigma de la Virilidad Patria. Pero si el acoso es inclemente, Novo mismo contribuye a la leyenda que será su vía crucis y su gloria, y hace de la provocación el instrumento de la salud mental. Todo lo ostenta, y el no dejar dudas equilibra la obviedad con la valentía. Así lo ven en esos años: Manuel Rodríguez Lozano lo pinta en un taxi, con bata, mientras en torno suyo la ciudad del ligue se afantasma. Tina Modotti lo retrata ceremonioso y displicente, y Manuel Álvarez Bravo lo capta en su magnífica bravata, desde la convocatoria al rechazo. En junio de 1938 *Rotofoto*, dirigida por José Pagés Llergo, publica una serie de fotos con Novo, Montenegro y el cantante José Mojica en una alberca. El choteo es inclemente: "el ebúrneo poeta Novo".

Para la sociedad, Novo y sus amigos resultan monstruosos, flores de escándalo, narcisistas que se frustran al mirarse en el estanque de la sociedad ultrajada, parásitos que amenazan la integridad nacionalista, justo cuando México adquiere nueva conciencia de sí. Que se den de santos si no se les arrastra por las calles, y que sepan lo siguiente: su asomarse a la superficie se toma por declaración de guerra, y la causa del encono renovado es evidente: lo invisible es incomprensible, y lo que se deja ver obliga, en algún nivel, a comprender.

Si se quieren situar los alcances de este reto, revísese el (muy escaso) testimonio por escrito de sus coetáneos. Uno de ellos, poeta y médico, le cuenta a Enrique Aguilar diversos episodios en *Elías Nandino, una vida no velada* (Editorial Grijalbo, 1986):

En nuestras reuniones y paseos, no faltaba quien temiera el amaneramiento de Novo, sobre todo por temor a que en la calle nos juzgaran a partir de los gestos, ademanes o fachas que él hacía o se ponía. Pero por encima de eso, a veces en la vida práctica el cinismo de Salvador era chistoso, porque sabía decir sus ocurrencias con gracia; tanta, que cuando ofendía a la gente los ofendidos se reían.

Una tarde quedamos de vernos en el estudio de Montenegro, y ahí decidimos ir a ver una obra en la que salía Chela Padilla. En un camión nos subimos Pepe y Celestino Gorostiza, Jorge Cuesta, Gilberto Owen, Agustín Lazo, Roberto Rivera, Xavier, Salvador y ya no me acuerdo quién más. Casi ocupábamos medio camión. Cuando llegamos a la esquina en que nos teníamos que bajar, Salvador se levantó –echándose una retocada, así muy rara–, jaló el timbre y gritó: "¡hasta aquí, jotos!" Nadie se movió, y entonces volteó y volvió a gritar: "¡Hasta aquiiií!" y nos señaló con el dedo: "tú, tú, tú..." Nos bajamos rápido, como manada, y ya abajo no tuvimos más remedio que reírnos.

Novo es ejemplar en diversos sentidos: el escritor de originalidad extraordinaria; el paseante que le proporciona a la Ciudad de México su primera visión de conjunto; el gay que le concede un rostro talentosísimo a su predilección. También es un representante del Ambiente con su práctica del "afeminamiento" que satisface las expectativas del voyeurismo moral, y su condición de máquina deseante que, una vez transcurrida su juventud, ensalza el poder de compra, así esto se traduzca en la desolación:

> La ley de la demanda y de la oferta
> que me ha enseñado su sabiduría
> lleva el fácil amor hasta mi puerta.

> Y sin embargo, a veces, todavía
> sobre el crespón de mi esperanza muerta
> vierte su llanto la melancolía.

(Imposible fechar los poemas satíricos. Novo los reparte mecanografiados y los publica en varias ocasiones.)

Y QUE LA GENTE NUNCA SE ENTROMETA...

Para sobrevivir, y para no sentirse apresado por el cinismo, Novo elige la maniobra que usa de la mala fama para burlarse de los sitios de honor. A Novo el humor, y un humor salvaje y procaz, lo distancia de la amargura de lo real y, una cosa por la otra, lo hace envejecer psicológicamente con la celeridad que lo resguarda de la "ilusión de los años juveniles". Desde su perspectiva propia del Ambiente de esa época, ser gay es negar la reciprocidad amorosa, y por eso su poesía erótica suele ser jocosa y semipornográfica. Para él, las más de las veces, el descaro lo autoriza a no perdonarse nada, protegiendo al mismo tiempo las zonas más profundas de su sensibilidad. Si se combina el placer de ofender con el ultraje de uno mismo, se le informa a la sociedad que sus castigos, los que sean, llegan muy tarde:

> Escribir porque sí, por ver si acaso

se hace un soneto más que nada valga;
para matar el tiempo, y porque salga
una obligada consonante al paso.
Porque yo fui escritor y éste es el caso
que era tan flaco como perra galga;
crecióme la papada como nalga,
vasto de carne y de talento escaso.
¡Qué le vamos a hacer! Ganar dinero
y que la gente nunca se entrometa
en ver si se lo cedes a tu cuero.
Un escritor genial, un gran poeta...
Desde los tiempos del señor Madero
es tanto como hacerse la puñeta.

En catorce líneas, Novo disuelve con ironía afiladísima su drama personal, y refiere su abandono de la poesía, el aparente extravío de la vocación en pos de la fortuna económica (esa fortaleza inexpugnable que convierte la murmuración en envidia), el festejo del placer comprado, la conversión de las glorias de este mundo en carnavalada. Al ejercer la sátira contra la imagen ideal, en algo se compensa "la pérdida del reino que estaba para mí". Y se escribe al cabo de una batalla terrible contra la hipocresía y el silencio.

¿Qué te cuesta decirme que me adoras?
¿Qué me cuesta creerlo y consolarme
lejos de ti, mi bien, si me enamoras?
¿Qué te cuesta en epístola besarme?
Yo pienso en ti por indelebles horas
y hace en ellas tus veces un gendarme.

De la derrota uno puede alejarse optando por la aceptación del fracaso desde siempre. Si algo cauteriza con rapidez es el ingenio aplicado contra uno mismo, y, además, en una sociedad tan machista, ¿de qué otro método se dispone para borrar el tatuaje psicológico de los términos de infamia: joto, puto, desviado, maricón, larailo, loca, mujercito, de los otros, invertido, tú la trais? En la práctica del ghetto, común a todas las minorías acosadas, el vituperio de sí y de los semejantes mediatiza el filo de los epítetos exterminadores. "Lo que me digan ya me lo dije pero con la elegancia, la ironía y la malicia que ustedes desconocen." En *The Rise and Fall of Gay Culture* (1997), Daniel Harris describe el proceso en Estados Unidos:

A los homosexuales los atrajo la imagen de la Perra (*The bitch*) en parte por su lengua malvada, su habilidad para alcanzar a través del diálogo, a través de su ayuda verbal, sus respuestas velocísimas, ese control sobre otros que con frecuencia los gays no obtienen sobre sus propias vidas. La fantasía de la *vagina dentata* malévola, rebosante de puñaladas traperas, siempre alerta, siempre dispuesta a demoler al oponente con una frase pasmosa, es la fantasía de una minoría sin poder que se afirma a través del lenguaje, no de la violencia física [...] La ironía se convirtió en el arma mortífera por excelencia en el arsenal gay antes de la revuelta de Stonewall en 1969.

En la construcción *desde fuera* del homosexual, se demandan el odio de sí, la infelicidad como destino, el abandono fatal de las esperanzas. Y el afán de continuidad personal acude a técnicas como el autodesollamiento literario que –con o sin paradojas– al devastar fortalece. Ahuyentado de las recompensas del círculo de las Parejas Distinguidas, desprestigiado en lo esencial, Novo se trata a sí mismo sin misericordia y, con vigor complementario, se mofa de los valores de quienes lo rechazan:

Si yo tuviera tiempo, escribiría
mis Memorias en libros minuciosos;
retratos de políticos famosos,
gente encumbrada, sabia y de valía.
¡Un Proust que vive en México! Y haría
por sus hojas pasar los deliciosos

prohibidos idilios silenciosos
de un chofer, de un ladrón, de un policía.

Pero no puede ser, porque juiciosa-
mente pasa la doble vida mía
en su sitio poniendo cada cosa.

Que los sabios disponen de mi día
y me aguarda en la noche clamorosa
la renovada sed de un policía.

En su dimensión satírica, Novo descree del "buen gusto" a
grados casi absolutos, tal vez porque la "sordidez" expresiva
neutraliza las consecuencias de la expulsión de las buenas
costumbres. Aun si el ritmo poético es clásico, la súbita malevolencia frustra la serenidad:

Déjame en mi camino. Por fortuna
ni el Código Civil ha de obligarte
ni tuvimos familia inoportuna.

El tiempo ha de ayudarme a subsanarte.
Nada en ti te recuerda –salvo una
leve amplitud mayor– en cierta parte.

A quienes habitan en sus márgenes, la sociedad les exige ese
acatamiento perverso de la norma que es la autodestrucción
("Compórtense del modo que no podemos evitar, pero ahó-
rrense cualquier dicha", sería el mensaje), y también aguarda
de ellos actuaciones patéticas. E. M. Forster, el gran narrador
inglés, escribe *Maurice* en 1913, pero sólo se publica en 1971,
póstumamente, por decretarlo así las convenciones de la
época, entre ellas la imposibilidad del final feliz entre los
disidentes morales. ¿Cómo admitir las "relaciones armonio-
sas" entre los pervertidos? A lo más que éstos pueden aspirar,
según la consigna implícita y explícita, es al sentimiento trágico, a ennoblecer su pobre vida con el lujo del sacrificio. La

muerte tumultuosa expía el pecado, y, en una metáfora válida para multitudes, el suicidio de Dorian Gray le devuelve su inmarcesible juventud al retrato del deber ante Dios y la familia.

"LA FRANCMASONERÍA DELICIOSA"

> El placer crea una francmasonería deliciosa. Los profesos en ella se reconocen en una guiñada, se entienden sin necesidad de palabras, y entre ellos tienen lugar esas cosas imprevistas, sin preludio y sin continuación, esos azares de encuentro y de misterio que escapan al relato, pero que llenan la imaginación y que son uno de los encantos de la vida. Quienes los han probado ya no quieren otros.
>
> Sainte-Beuve

Novo acomete su sexualidad como si fuera, por así decirlo, una empresa revolucionaria, con la intrepidez y el apetito de siglos muy propios de toda minoría reprimida al desentenderse de las prohibiciones. A las zonas liberadas en mínima medida de la inhibición se llega con furia vandálica. Así, en *La estatua de sal*, Novo refiere un encuentro que le arregla un personaje excéntrico, la Golondrina:

> Otras veces prefería llevarme a su cuarto, mejor equipado dentro de su miseria. En él me encerró una tarde con un tipo que acababa de hacer estallar una bomba en la embajada norteamericana: feo, pero dueño de una herramienta tan descomunal, que no era fácil hallarle acomodo. La Golondrina me retó, y acepté su desafío. Acompañada por curiosos testigos, me encerró con el anarquista, se alejó, volvió al rato, asomó la aquilina cabeza y preguntó: "¿Ya?" "Ya". "¿Toda?" "Sí". Y dirigiéndose a los testigos que la acompañaban, con una solemne entonación de *Papa Habemus*, proclamó: ¡*Toda*!

La precocidad va a la par de la compulsión sexual. Novo se considera triunfalmente moderno y esto implica la eliminación del arrepentimiento y el afán de extremar el comportamiento ultrajante. Entonces, el amaneramiento depende no sólo de circunstancias biológicas sino del estilo que convierte en placer psicológico la "imposición de la fisiología". Aun para sí mismo, un homosexual no "afeminado" es una rareza y en Novo el "afeminamiento" es vigoroso, la aureola que es la más efectiva tarjeta de presentación.

En los comienzos de su vida pública, Novo, siempre desbordado, parece a punto de repetir las palabras de Wilde a Gide: "Debo ir tan lejos como sea posible. Algo va a pasar [...] algo más". Al principio, ese *algo* es ejercerse a fondo como disidente y aguardar las consecuencias. Mientras desciende "el rayo punitivo" (el equivalente a escala de los procesos de Wilde), lo que procede es profesar la visión estética más extendida de los gays de la época, el culto por el cuerpo obrero. En el proyecto de una novela, de la que sólo se conocen fragmentos, *Lota de loco* (una técnica para no decir *Loto de loca*), Adelaida, el personaje de nombre tan apreciado por Novo, piensa en los proletarios que salen del taller:

> ¡Qué diferentes cuerpos, aquellos que veía en la oficina, que había visto al salir de la escuela, enfundados en un saco ridículo, llenos de piezas y botones, con piernas magras y manos huesosas, y éstos que envolvía la línea directa y pura del *overall*, en dos brazos iguales y armoniosos, con esas manos fuertes que perfumaba el sensual aroma del aceite! (En *Barandal,* noviembre de 1931.)

Se implanta la utopía de los hombres grandes y musculosos, con ojos brillantes y labios duros: "Se quitaban ante ella el *overall* que los dejaba desnudos de un solo golpe, y empuñando las manos crispadas de Adelaida, se arrodillaban ante ella y lanzaban contra su cuerpo el impulso de sus miembros erectos". En el esbozo conocido de *Lota de loco*, una joven trabajadora sufre los efectos del machismo familiar y los desplantes de su hermano, que se maquilla y tiene un amante. Muy probablemente, la novela se habría circunscrito a las correrías nocturnas del hermano, pero el eje de la sensualidad es el atractivo de los obreros, el único que el autor registra. Si no encuentra un Bosie, un Alfred Douglas al cual decirle: "Tú eres la atmósfera de la belleza a través de la cual miro la vida", sí mitifica a los jóvenes de las colonias populares, los "cueros" a los que esculpe el trabajo agotador.

En pos de los proletarios escultóricos, o simplemente accesibles, Novo acude a las oficinas de *El Chafirete*, un periódico "de los trabajadores del volante", dirigido por dos seres de la teratología gay que tanto entretiene a Novo: el director, adicto a los voceadores de su periódico, y don Derrapadas, el reportero que deambula por las terminales de los camiones, partidario de los cobradores jóvenes. Novo prefiere "a los choferes más sólidos" (en *La estatua de sal*), y con el seudónimo de Radiador redacta por un tiempo casi todo el periódico y prodiga notas sardónicas y parodias de clásicos que muy probablemente sólo a él divertían:

Madregal, sonetos lubricantes de
Sor Juana Inés del Cabuz

Éste que ves, camión descolorido
que arrastraba en "Las Artes" sus furores
y que vigilan hoy tres inspectores
es un hijo de Ford arrepentido.

Éste en quien los asientos se han podrido
con la parte de atrás de los señores,
que no pudo enfrentarse a los rigores
de la vejez, del tiempo y del olvido,

es un pobre camión desvencijado
que en un poste de luz hizo parada.
Es un resguardo inútil para el Hado.

Es una vieja diligencia herrada,
es un afán caduco, y bien mirado,
es cadáver, es polvo, es sombra, es nada.

El Hado, según me descifraron tanto Novo como Pellicer, es el propio Novo, y eso explica la línea pelliceriana en la "Oda a Salvador Novo": "Morirán también el Hado / y una gran cantidad de princesitas". Por lo demás, al lado de las aventuras proletarias, Novo se une a sus amigos en la decoración de cuartos o "estudios" en el Centro. Según el testimonio de Elías Nandino, Novo "decoró esa habitación como si fuera el cuarto de una piruja de barrio: puso cortinas de caracolito en las ventanas, metió una cama de latón con su colcha floreada y a un lado del colchón puso un lavabo de mano con talla, aguamanil y todo".

Una anécdota de esos años, contada por Nandino, muestra a Novo en el despliegue de su eficacia:

En una ocasión Xavier Villaurrutia y yo pasamos por Novo al edificio de la Secretaría de Educación, para irnos juntos a comer. A Salvador y a mí se nos ofreció ir al baño. En una de las paredes, alguien había puesto: "Salvador Novo es joto". Él leyó eso, sacó un lapicero y comenzó a hacer una lista: "Narciso Bassols es joto", "El tesorero de la SEP es puto", "El Secretario es marica". Llenó media pared con los nombres de muchos funcionarios. Cuando salió le pregunté con sorpresa:

–¿Por qué hiciste eso?

–¡Ay! Pues porque así borran más pronto.

Tiene razón Nandino: "Desde joven Novo se puso más allá del bien y del mal, de tal manera que decir qué él era maricón era no decir nada".

IV. Los Contemporáneos
"Reunimos nuestras soledades"

■

Más que un grupo o generación, y bastante más que un "paisaje de época", los Contemporáneos son, en México, una actitud ante el arte y la cultura (ante la sociedad y el Estado), normada por el rigor, la crítica, la creación en contrapunto de la "realidad nacional", la oposición al chovinismo, el desdén por el éxito inmediato, la voluntad de poner al día una literatura, la integración simultánea al orden (el mecenazgo de la Revolución Mexicana) y a la marginalidad (la incomprensión social, los lectores que tardarán en acudir).

Según el criterio que ve en la poesía la culminación de la literatura, no sólo la publicación en la revista, también las especialidades determinan las jerarquías y son *más* Contemporáneos los poetas: Carlos Pellicer, Bernardo Ortiz de Montellano, Enrique González Rojo, Jaime Torres Bodet, Salvador Novo, Xavier Villaurrutia, José Gorostiza, Jorge Cuesta, Gilberto Owen. De acuerdo con esta clasificación, no lo son tanto Samuel Ramos, Rubén Salazar Mallén, Octavio G. Barreda, Bernardo Gastélum (principalmente ensayistas), Carlos Chávez (músico), Celestino Gorostiza y Rodolfo Usigli (dramaturgos), y Agustín Lazo, Rufino Tamayo, María Izquierdo, Antonio Ruiz, Julio Castellanos, Manuel Rodríguez Lozano, Abraham Ángel (pintores). Al extenderse, la nómina se opone a las precisiones de la historia cultural y lleva a una conclusión: pertenecen a la atmósfera de los Contemporáneos quienes comparten su actitud estética. Si el grupo nunca se constituye como tal, lo visible es la tendencia, expresada a través de las publicaciones, las afinidades y las enemistades compartidas, y repartida en editoriales, trabajos de gobierno, polémicas, periodismo, teatro, difusión cultural.

¿A qué se le puede llamar la "época de los Contemporáneos"? Entre 1920 y 1930 o 1932, aproximadamente, la Ciudad de México conoce su "edad del jazz", la primera vivencia (limitada) de "sociedad abierta" con audacias y provocaciones antes imposibles por impensables. (Si nadie se lo imagina, ¿quién se atreve?) La lucha de facciones revolucionarias prosigue, y con ella los fusilamientos de generales y mirones, las conjuras que evitan el descubrimiento de los complots, el habla radical, el reconocimiento de la existencia de obreros y campesinos. Y la gran novedad corresponde a las estructuras: en lugar del general Porfirio Díaz, finalmente un dios vulnerable, se levanta el Estado, por unos años radicado en la fisonomía de los Caudillos Álvaro Obregón y Plutarco Elías Calles. En la capital de la República, ya liberada de muchísimos controles de conducta y espionaje parroquial, cristaliza de golpe la secularización pospuesta por la dictadura de Díaz y estimulada por la Revolución y sus consecuencias legales y sociales. Ya son pecados de lesa modernidad los actos de obediencia a las represiones y las limitaciones informativas; ya se dan las aproximaciones iniciáticas a Freud y Marx; ya se vislumbra el poderío de Picasso y Dadá y se vincula a las artes con el comportamiento; ya toman forma cultural el escepticismo y el cinismo que prodigó el desquiciamiento de los años de guerra. El cine y la radio les permiten a los jóvenes mexicanos una simultaneidad de experiencias con sus correspondientes en todas partes. Hay modas en el vestir, modas en la actitud y súbitas modas devocionales: Chaplin y Harold Lloyd, Gloria Swanson y Pola Negri, Griffith y King Vidor, las vamps y el charleston, el shimmy y el pelo corto de las mujeres. Si la cultura francesa aún impera, el porvenir es de Norteamérica y, a toda velocidad, algunos quieren resolver las décadas de postergamiento.

La "huida por la puerta de los libros" resulta desde la perspectiva actual el acto de inteligencia creativa que genera "santuarios de excepción" ante la barbarie, que sí lo es en muy buena medida. Al disminuir las ventajas formativas del desorden, las va sustituyendo el apetito de modernidad que bien vale la pena apresar y ejercer. *Carpe diem.* Apodérate del instante. Sé moderno, adueñate de los reflejos condicionados del porvenir, asómbrate ante las dimensiones estéticas del danzón y el automóvil y el jazz-band y las fábricas y las luces de neón, admite con regocijo que la naturaleza urbana, a cambio de su ferocidad, facilita la vida intelectual. Se inauguran pasiones (por la tecnología, la más avasalladora), se lleva a la superficie lo ni siquiera vislumbrado. *Ser moderno*: ya no escribir con ardimiento pedagógico y patriótico, y no situar a la literatura de cara a la nación y su dolorosa historia, sino en la relación íntima con el hipócrita lector, hermano y semejante. Según los muralistas, la revolución ocupa el ámbito de la modernidad; según los Contemporáneos, *lo de hoy* es pintar y escribir para los aproximadamente iguales, que ya vendrá el público correspondiente; según los estridentistas, lo vanguardista es crear metáforas que en primera y última instancia asombren a sus hacedores. *Ser modernos*: apoyarse en las oportunidades del nacionalismo para hacer caso omiso de lo nacional, no hay nada más contemporáneo que la ausencia de prédica.

Formados simultáneamente en las tradiciones y en la ruptura formal, los Contemporáneos, a pedido de las circunstancias y de su temperamento, hacen suyo el intento renacentista. Si todo está por crearse, aspiran al todo: leer, imaginar, interpretar, poner al día. Para muchos, la modernidad es profesión inaugural que recorre escuelas, ministerios, oficinas, salones de baile y disputas ideológicas. Los Contemporáneos, sin duda, se benefician de la gran metamorfosis que trae consigo la Revolución. Las guerras destruyen barreras mentales y el régimen necesita patrocinar el cambio artístico para quitarse el aura de violencia. Vital y culturalmente, por difíciles que sean sus relaciones con los muralistas, en especial con Diego Rivera, los Contemporáneos aprovechan los climas de libertad que los pintores le consiguen a la llamada "bohemia burguesa". Ser ateo o ser comunista son asuntos inconcebibles que ya no cuestan la vida o el ostracismo, y al amparo de esta licencia de conducta se cuelan las mujeres que practican el amor libre y no son prostitutas, y los homosexuales, que son los "maricones" deshumanizados por el desprecio y son algo más.

49

Hay una gran diferencia entre los muralistas y los agrupados en la atmósfera creativa de los Contemporáneos: el único lujo que no se pueden dar los muralistas es el exilio interno; se mueven en el centro de las contiendas, son una referencia y una consigna de batalla. Los Contemporáneos, en lo tocante a su obra y la recepción de ésta, son exiliados internos, son en el mejor de los casos patrimonio privado, se adelantan a su época irremisiblemente. Notorios en el medio pequeño, no existen en el ámbito más grande, el propio de los poetas modernistas, Amado Nervo, Salvador Díaz Mirón, Luis G. Urbina, para ya no mencionar a Rubén Darío. Son poetas para lectores, no para multitudes, y se deben a los cien o doscientos fieles. El 3 de octubre de 1919 le escribe José Gorostiza a Carlos Pellicer:

Yo escribo, bien o mal, porque siento una necesidad de hacerlo, y mientras mis poemas sean una causa de satisfacción estos asuntillos estarán de sobra. Si algún día gustan, mejor. Me veré multiplicado como los panes y los peces. (En *Epistolario [1919-1940]*, Edición de Guillermo Sheridan)

De las heterodoxias del grupo, ésta es la primera y más ostensible. Son ya poetas diferentes, profesionales no porque dediquen todo el tiempo a la escritura, sino porque han renunciado a los roles de videntes, consejeros del alma colectiva, antorchas de la libertad, guías del nuevo sonido de los pueblos. Y su renuncia al papel épico marca el proceso de la marginación y de la incorporación tardía y definitiva.

DEL ESPÍRITU DE LA ÉPOCA COMO IDEOLOGÍA

Escribe Gilberto Owen:

Unos éramos economistas, otros éramos campesinos, otros éramos ingenieros, otros éramos artistas. Todos éramos originales, esencialmente revolucionarios, y sentíamos no necesitar de membrete que lo pregonara, como los pájaros que veíamos no necesitaban el cartelito en latín de Linneo para cantar con la voz exacta, seguros de que aunque los sabios distraídos pusieran cartel de cerezo en el manzano, siempre sería una manzana la que les cayera a descubrir la ley de Newton. Nacidos, crecidos en respirar aquel aire joven de México, nos identificaba un afán de construir cosas nuevas, de adoptar posturas nuevas ante la vida. Sentíamos esto lo único revolucionario y más sincero que tomar simplemente lo viejo y barnizarlo y escribir encima: "¡Viva la Revolución!" (*El Tiempo,* Bogotá, 25 de febrero de 1934)

En el texto de Owen, como en toda la nostalgia programática de sus compañeros, que al evocar verbalizan o inventan la utopía que los animaba, hay dos insistencias: la novedad de la época y el rechazo del papel prefijado de los escritores. Los Contemporáneos viven a fondo la contradicción. ¿Cómo no ser parte de la Revolución y cómo no alejarse de un movimiento tan abusivamente llevado, tan cultivador de la demagogia? ¿Cómo no dudar de lo *revolucionario*, término poblado entonces de leyendas sangrientas y emociones feroces, y cómo no apreciar algunos de los grandes resultados del movimiento? El dilema se intensifica: ¿cómo soportar a una sociedad tan provinciana y no reconocer la energía y los beneficios del Estado emergente, cómo verificar los nuevos sentimientos, cómo no aceptar y no alarmarse ante un orden de cosas cuyos primeros heraldos son militarotes de mentalidades rústicas y depredadoras o abogados rígidos y voraces? Coherencia y contradicción: estos jóvenes escritores aceptan una parte de la prédica oficial (con excepción de Cuesta, que critica el "clericalismo educativo" de Vasconcelos) y se apartan del bolivarismo (con la excepción de Pellicer) y de la grandilocuencia mesiánica. Pero no logran prescindir del mecenazgo, y van de la protección de un ministro al apoyo de otro, son a la vez excluidos y protegidos, desarraigados y burócratas. Es inevitable. En materia cultural hasta fechas muy recientes, el Estado es simplemente todo, y los Contem-

51

poráneos aceptan de él seguridades laborales primero, y a la postre, honores que no excluyen la Rotonda de los Hombres Ilustres (en el caso de Jaime Torres Bodet).

Es muy restringido el ámbito físico donde se desarrolla el "Renacimiento Mexicano": el centro de la capital, los edificios públicos sojuzgados por los muralistas, las casas y departamentos de artistas e intelectuales. La cultura y el saber literario de la modernidad son gustos casi secretos, lenguajes soterrados cuyos códigos se localizan en libros de Jules Supervielle, Eliot, Gide, Breton y, desde luego, Nietzsche y Baudelaire. En pos de la literatura sin fronteras, los jóvenes escritores escriben y traducen la nueva poesía que convoque el porvenir. A la manera de Huidobro podrían decir: "No cantéis a la modernidad, poetas. Hacedla florecer en el poema."

Los campos de la recuperación: la poesía, el periodismo, las artes plásticas, el teatro. En 1928, llevar a escena a Lenormand, Eugene O'Neill o Cocteau, es acción teatral, cultural y política. En espacios sobredeterminados por el tradicionalismo, la vivificación de una cultura exige, por ejemplo, montar obras de teatro, creer en el cine como expresión artística y fundar cine clubes, ejercer el comentario (el ensayo con sustentación poética) en elogio de los pintores distanciados de la prédica del muralismo, asistir devotamente a los conciertos.

Por más que se diga, no es tan extrema, ni siquiera en el caso de los Estridentistas, la oposición entre modernidad y tradición cultural. Los Contemporáneos no se sienten estrictamente vanguardistas, aunque lo son, porque si se afilian al concepto de vanguardia se dejan atrapar por una actitud escénica. Su dilema es cómo ser *revolucionarios*, el vocablo que acumula prestigios, si no creen en los métodos en curso: la virulencia y la gesticulación. Ellos no podrían escribir como los Estridentistas: "¡Muera el Cura Hidalgo! ¡Viva el mole de guajolote!", ni emularían a Paul Klee: "Yo quiero ser como recién nacido, sin saber nada, absolutamente nada sobre Europa [...] Quiero ser casi un primitivo". Les urge *no* ser primitivos, adueñarse de los recursos plenos de la civilización, no distraerse en ocurrencias.

Con la excepción beligerante de Cuesta, los Contemporáneos no niegan explícitamente, más bien al contrario, la existencia de una "sensibilidad mexicana", y no refutan las tesis del autoconocimiento nacionalista, así se burlen de ellas. Su distanciamiento de la tradición se produce en los poemas y sin teorización adjunta. Son, sí, orgullosamente "elitistas", un modo como otros de visualizar una técnica defensiva ante el nacionalismo cultural y el antiintelectualismo. Durante un tiempo largo, el elitismo, cuyo punto de partida es el señalamiento de la importancia extrema de las obras de arte y las tendencias que a la mayoría nada les dicen, es la empresa crítica que, sin paradojas, amplía los límites del conocimiento y se añade al goce internacional de la cultura. Y como sucede con *Sur* en Argentina y con *Orígenes* en Cuba, en el "elitismo" de la revista *Contemporáneos* hay algo extraordinario. Si el conservadurismo de algunos de ellos les oscurece la complejidad del proceso nacional (que entonces, por otra parte, casi nadie entiende), su rigor crítico y su creatividad le agregan obras definitivas a la literatura de habla hispana. En la polémica con Abreu Gómez, Jorge Cuesta es inapelable:

El nacionalismo equivale a la actitud de quien no se interesa sino por lo que tiene que ver inmediatamente con su persona; es el colmo de la fatuidad. Su principio es: "no vale lo que tiene un valor objetivo, sino lo que tiene un valor para mí". De acuerdo a él, es legítimo preferir las novelas de don Federico Gamboa a las novelas de Stendhal y decir: don Federico para los mexicanos y Stendhal para los franceses. Pero hágase una tiranía de este principio: sólo se naturalizarán franceses los mexicanos más finos, esos que quieren para México no lo mexicano sino lo mejor. Por lo que a mí toca, ningún Abreu Gómez logrará que cumpla el deber patriótico de embrutecerme con las obras representativas de la literatura mexicana. Que duerman a quien no pierde nada con ello; yo pierdo *La Cartuja de Parma* y mucho más. (*El Universal*, 22 de mayo de 1932. En *Obras I*, El Equilibrista, 1994)

Los Contemporáneos, interregno entre el caos revolucionario y la "cultura de las instituciones". La tendencia se mantiene por un período no mayor de quince años (1921-1935 aproximadamente), y la revista expresa el programa de acción: traducir, leer, aportar las creaciones propias, modificar el idioma poético. Unos cuantos jóvenes se enamoran del hallazgo del Inconsciente (lo que los acerca a las proposiciones surrealistas), estudian la poesía francesa, leen *La tierra baldía* y la nueva poesía norteamericana. Escriben para vivir, para ser *otros*. La frase gideana que el joven Villaurrutia le repite incesante al joven Novo: "Hace falta perderse para recobrarse", adquiere enorme sentido en ese paisaje de tertulias en librerías, ediciones mínimas, plaquettes de poesía que le representan al autor un esfuerzo económico, acercamientos devotos y mitológicos a la cultura francesa, uso de ritmos poéticos distintos y perturbadores, miedo al destino de los escritores que adulan a su público inmediato, libertades que el medio interpreta como libertinaje, chismes que son medios masivos de comunicación. *Perderse para recobrarse*, gozar de la clandestinidad de la literatura experimental, saberse vivos por oposición a quienes, en caso de saber de sus intenciones, los odiarían o los despreciarían. Los que se sienten drásticamente *contemporáneos* buscan apartarse de los anacronismos prevalecientes, aceptan lo estimulante en donde lo hallen, ignoran las epopeyas reales o fingidas que subordinan la literatura a la política, rechazan el chovinismo. En torno suyo, los revolucionarios, los burócratas y los periodistas desconfían entrañablemente –con razones y sin ellas– de intelectuales y poetas y aún sueñan con el aislacionismo en su fase de "La revolución única en el mundo".

A la modernidad se llega también por la palabra, al México recién inaugurado se le aportan poemas carentes por entero de "lo nacional". La nueva sensibilidad proviene de la intuición o del conocimiento anticipatorio: si no somos distintos al pasado inmediato, nunca habitaremos el presente. Sin embargo, transcurrida la euforia inicial, los que viven el estremecimiento de la modernidad se consideran atrapados entre los residuos feudales y el autoritarismo a raudales. En 1933, Jorge *in abundance* Cuesta le escribe a Bernardo Ortiz de Montellano sobre "la vanguardia de *Ulises*, de *Contemporáneos*", y niega que se hayan reunido de modo premeditado en torno de doctrinas artísticas o metas definidas; para ellos la literatura es profesión de fe y si se les hace caber en un grupo es sencillamente porque se evita o no se desea su compañía literaria:

Reunimos nuestras soledades, nuestros exilios; nuestra agrupación es como la de los forajidos y no sólo en sentido figurado podemos decir que somos "perseguidos por la justicia". Vea usted con qué facilidad se nos siente extraños, se nos destierra, se nos "desarraiga", para usar la palabra con que quiere expresarse lo poco hospitalario que es para nuestra aventura literaria el país donde ocurre. Esa condición quiere que sean nuestros personales aislamientos los que se acompañen, los que constituyan un grupo.

Nuestra proximidad es así el resultado de nuestros individuales distanciamientos, de nuestros individuales destinos, más que una deliberada colectividad. (12 de diciembre de 1933. En *Obras I*)

Tan melancólicas palabras resultan frustrantes para la perspectiva actual de los Contemporáneos, no sólo por el rencor al presente que es el inevitable punto de partida de un sentimiento generacional, sino por la idea hoy indiscutible: en la primera mitad del siglo XX, algunos escritores se imponen al atraso que los rodea, hacen del arte su nacionalidad verdadera y última, y convierten en aportación valiosísima su resistencia a los orgullos de la ignorancia. Cuesta, por supuesto, tiene razón al describir su experiencia, pero también, desde la ventajosa lectura actual, la Revolución Mexicana (en el sentido urbano, creación de instituciones y ampliación de libertades) les da acceso a la credibilidad interna y externa.

¿Hasta qué punto la canonización de los Contemporáneos es producto del deseo de una tradición legendaria, un Bloomsbury que crece entre las ruinas porfirianas, o una *Lost generation* que no conoce pero intuye París? Pertenecientes a la primera generación o tendencia cultural surgida después de la etapa más violenta de la Revolución, aprovechan lo ya no controlable por el autoritarismo: las zonas de excepción en la Ciudad de México. Una nueva estética se configura en un paisaje de sustituciones y coexistencias: al tradicionalismo lo reemplaza un collage de tradiciones y nuevas creencias; la iglesia católica coexiste a la fuerza con otro culto: el de la escolaridad; a las únicas formas admitidas de *ser hombre* y de *ser mujer* las contradicen casi inadvertidamente las transformaciones sociales; la tecnología se levanta simbólica y realmente como el sistema de las catedrales del porvenir.

DECEPCIONAR LO PREVISIBLE

En 1932, en el alegato más conocido sobre los Contemporáneos, Jorge Cuesta, afirma:

> Le roba a una generación futura quien le crea un programa para que lo siga […] La realidad mexicana de este grupo de escritores jóvenes ha sido su desamparo y no se han quejado de ello, no han pretendido falsificarlo; ello les permite ser como son. Es maravilloso cómo Pellicer decepciona a *nuestro folclore*; cómo Salvador Novo decepciona a *nuestras costumbres*; cómo Xavier Villaurrutia decepciona a *nuestra literatura*; cómo Jaime Torres Bodet decepciona a su admirable y peligrosa avidez de todo lo que lo rodea; cómo José Gorostiza se decepciona a sí mismo, cómo Gilberto Owen decepciona a su mejor amigo. (*El Universal*, 14 de abril de 1932. En *Obras I*)

El centro de la decepción se halla en las expectativas de la sociedad y del Establishment cultural. Y allí mismo se encuentran las razones de la segura, aunque no muy visible, construcción de obras que van creando a su público. Los Contemporáneos son, si algo, precoces, en atención a los requerimientos de un país que ha visto desintegrarse a sus "generaciones maduras". Al desaparecer la gerontocracia del porfiriato, el reemplazo disemina generales, gobernadores, diputados, poetas que no rebasan los 25 años. La precocidad arraiga y define, la precocidad se paga con el alejamiento del público existente, la precocidad desemboca en enfrentamientos muy desiguales. Pellicer tiene 26 años cuando publica su asombroso *Colores en el mar* y López Velarde deja a los 33 años una obra fundamental; a los 18 años Torres Bodet es secretario particular del ministro de Educación; a los 21 años, Novo en *Ensayos* afirma un programa poético sorprendente:

> Es necesario viajar en tranvía
> cultivar el sentido de lo paralelo
> y no tropezar con nadie nunca.

"Y CONOCERÉIS LA MODERNIDAD"

En la década de 1920, tan formativa y tan colmada de imaginación creativa y vital, no hay sino una forma propositiva de hacer cultura, que se sustenta en el Estado fuerte y sus servicios asistenciales a la sociedad débil. El Estado, sin lugar específico para "las tareas del Espíritu", le da el apoyo posible a la educación, que, en la ansiedad de hallar fórmulas igualitarias, es el método más convincente de actualización nacional. A un gobierno −es la idea prevaleciente− lo frena a fondo el analfabetismo masivo, y la educación relega el atraso y el fanatismo tan dañinos para la productividad. Según los revolucionarios, la educación vincula a las masas con la Historia, y la cultura es la hermana menor de la educación. No hay más que decir.

Si un sector intelectual se distancia del proyecto de los revolucionarios no es tanto por conservadurismo, que sí se da en algunos, sino por la premura de obstaculizar la vulgaridad, la rudeza, la complacencia en el atraso. Ya fueron suficientes tres siglos de Colonia, un siglo XIX de caos incesante, una dictadura de tres décadas, la revolución violentísima. Sin más trámite, hay que acceder a la modernidad con formulaciones de un canon literario y artístico distinto, y con actitudes personalísimas que desplieguen las otras posibilidades vitales y artísticas. La elegancia vital y/o literaria se requiere para hacerle frente a la zafiedad y el analfabetismo real y funcional.

Entre 1920 y el principio de la Segunda Guerra Mundial, la poesía cambia de status, deja de ser la religión de las rimas y las imágenes, se vuelve "secular" y no dispone ya de la resonancia que activó el modernismo (la excepción: López Velarde). En la hora de la "poesía libre", una acústica literaria distinta se ofrece como alternativa, y un sector significativo elige "la oscuridad" de la poesía pura. Se pierde el público de memoria fiel y agradecida, normado por las convicciones de la rima, y se abandonan las recetas de hondura anímica y el amor siempre místico, "se dirija a Dios o a la pareja". Con seriedad, ya nadie escribe para ser declamado, así la declamación persista en la escritura como vocación atemperada. Una forma de saber literario deviene gusto prácticamente secreto, la pasión sacramental por un vocabulario y un lenguaje soterrados a los ojos de la mayoría. En la conquista o la reconquista del público de poesía es fundamental López Velarde, cuya *Suave Patria* deslumbra a un público que lo capta a medias (por falta de trato con la renovación poética) y finalmente lo asimila a través de la memorización. Por lo demás, la migración de los lectores no es asunto que obsesione, aunque aliente en los poetas distintos niveles de frustración. Ante las promesas del idioma inesperado, ¿qué se ganaría con el éxito ficticio de una poesía ya hecha, el sinónimo de renunciar al proceso creativo?

Son años de innovaciones fulgurantes en España y América Latina: López Velarde, Neruda, César Vallejo, Borges, Tablada, Huidobro, García Lorca, Cernuda, Jorge Guillén, Pedro Salinas, Aleixandre, Gerardo Diego, Oliverio Girondo, Nicolás Guillén, César Moro, los Contemporáneos... Ante el adelanto de los creadores, los lectores (escasos) se habitúan como pueden a la nueva preceptiva, desconfían de su predilección por lo que Gorostiza llama "las pastelerías modernistas", y dejan de ser la multitud hechizada que sigue a los declamadores y se arrebata ante los encantos de la prosodia. Los escritores compensan la falta de estímulos escribiendo para el porvenir, o mejor, para esa forma cálida del porvenir que es el reconocimiento de unos cuantos, no necesariamente amigos. A la minoría siempre, porque sólo la minoría escucha, porque es cada vez más frecuente el lector de poesía moderna que prescinde de la voz modulada (audible externa o íntimamente) que le imprime características bélicas a dulcísimos poemas de amor. Es la exigencia de lectores inteligentes lo que incita a publicar revistas, lo que siembra ensayos y poemas de mensajes cifrados, lo que violenta el proceso de complacencias auditivas.

Para algunos, en especial Pellicer y Novo, es relativamente fácil hacerse de un ámbito de confianza y divulgación. Para otros, como Owen y Ortiz de Montellano, es casi imposible, y Cuesta ni siquiera verá sus textos reunidos en libro. Varios morirán sin recibir la estima minoritaria para las obras que eluden las respuestas adquiridas. ¿Qué lectores, en 1925 o 1939, la fecha de publicación de *Muerte sin fin*, entre los ecos modernistas y las tensiones históricas, advierten la inteligencia, el cuidadoso trazo imaginativo, el quebrantamiento de las fórmulas? Y tal vez el problema mayor sea la ubicación temática. ¿De qué hablan estos sujetos? ¿Cómo defraudan de este modo a los que buscan en la poesía compensaciones vivenciales y mensajes amatorios?

Algo seguro, estos literatos no confunden el paisaje poético con un paseo de sátiros, marquesas y estatuas vivas en jardines de confusión, ni les confieren a las palabras insólitas el papel de las sensaciones que amplían la conciencia ("Que púberes canéforas te ofrenden el acanto"). Eso ya está saldado, y la mayoría de los Contemporáneos pagó su deuda de iniciación con el modernismo y con González Martínez. A ellos les atrae la poesía que no se ampara bajo otras conside-

raciones, algo muy arduo de obtener en medios estructura-
dos por las revelaciones de *lo nacional* y por la ansiedad de
metáforas seductoras. Y los jóvenes poetas se ciñen a la música verbal, al juego de ideas, a las imágenes que vienen de otra
parte (de otra sensibilidad), y no admiten temas "revolucionarios". Al respecto, Ortiz de Montellano, en un texto de
1930, no tiene dudas:

> Lo que logró la revolución mexicana con la nueva genera-
> ción de escritores, puestos desde la infancia a comprobar
> la amarga realidad de esa revolución, fue convencerlos de
> la existencia de una sensibilidad personal, mientras más
> personal más genuinamente mexicana, en donde había
> que ahondar *sin retrasarse con la cultura del mundo.* En vez
> de entregarse a la realidad inmediata, a la carne de la revo-
> lución, a los hechos pasajeros que podrían haber sido
> temas más o menos vivos y vividos, prefirieron darse al
> espíritu nuevo de su país, a la entrañable búsqueda de for-
> mas tradicionales y profundas concentradas en su propio
> ser. Esfuerzo equivalente a la identificación del carácter
> nacional que intenta el país con la revolución procurando,
> también, encontrarse y conocerse a sí mismo. (*Contemporá-
> neos,* abril de 1930)

Lo dicho por Ortiz de Montellano apunta a la situación cultural. No es por "disgusto reaccionario" por lo que se omiten
los temas revolucionarios. Ningún poeta que trabaje seriamen-
te desprende de los sucesos recientes –caídas y elevaciones de
gobiernos, aparición y desaparición de la gleba en el escenario– algo más que líneas perturbadoras. López Velarde, como
es habitual, enuncia esta dificultad descriptiva de manera perfecta: "Mejor será no regresar al pueblo / al edén subvertido
que se calla / en la mutilación de la metralla". La cercanía de
los hechos obstaculiza su tratamiento lírico.

Si en la literatura de los Contemporáneos las transformaciones más evidentes ocurren en los poemas (la prosa narrativa es más bien triste, con la excepción de las crónicas viaje-

ras de Novo), el afán renovador se expresa también en la pintura, el teatro, el ensayo literario, el periodismo cultural y político. Ley de las compensaciones: para sustentar el gusto por la poesía, deben trasladarse a otros campos las exigencias ya probadas en la literatura, y debe convertirse en una obligación de las artes la calidad poética. La Escuela Mexicana de Pintura, extraordinaria, absorbe demasiado espacio y degenera en gobierno, y se requiere alentar a pintores sin mensaje o cuyo "mensaje" antagonice con la épica y se transforme por efecto de la perspectiva que es versificación del color y la forma. En seguimiento de la poesía en la pintura, Samuel Ramos estudia y divulga a Picasso, Villaurrutia escribe sobre Tamayo, Agustín Lazo, Orozco, Rivera y María Izquierdo; Novo y Cuesta hacen lo propio con algunos artistas. Así, desde textos de recuperación de la "esencia", y desde las reproducciones no muy bien impresas, se defiende a los que confían en el "intimismo", en la aventura del color, en las correspondencias entre la plástica y las atmósferas poéticas. En la reciprocidad de intereses, se advierte el sentido de la empresa colectiva. Si la de Contemporáneos es la parte que nos corresponde en México de la gran poesía de la década de 1920 (José Emilio Pacheco), también es un fragmento del gran impulso que asume y exalta las contradicciones, forja la modernidad ejerciéndola y habita el espacio de interdependencia cultural que relaciona al país con el mundo. Sin este ánimo y sin la seguridad de construir una cultura nacional que elimine el nacionalismo, no se identifica el espíritu de grupo de los Contemporáneos.

V. La persecución y la mexicanidad viril
∎

¿Qué tan "marginales" son los Contemporáneos en sus años colectivos? Así la burocracia gubernamental les ofrezca trabajo y ascenso, son marginales respecto al gusto literario dominante y los estilos de vida. Aunque sólo algunos de ellos son homosexuales, la difamación no admite excepciones. La parte por el todo, bienvenida la facilidad de deshacerse de enemigos con un flanco tan vulnerable como la contigüidad de heteros y homos. Por eso, debe examinarse el estigma de la homosexualidad, así sólo abarque a una parte del "grupo" y no sea en lo absoluto un criterio literario. La heterodoxia sexual, elección límite en una sociedad represiva, estigmatiza también a los que la ven con tolerancia, y al hacerlo, queriéndolo o no, resisten a las presiones de la uniformidad, impulsan prácticas estéticas y, en pos del bueno gusto moral, si se deslindan lo hacen en lenguaje cifrado y muy respetuoso. Escribe Gilberto Owen las líneas que Alí Chumacero interpreta como su rechazo cortés de la homosexualidad:

> Y ahora vas a oír, Natanael, a un hombre
> que a pesar de sus malas compañías, los ángeles,
> se salvó de ser ángel con ser hombre...
> ("De la ardua lección")

"Pero si te da miedo, sigue de ángel y no llores." En 1930, en la revista *Examen*, hecha por algunos de los Contemporáneos, Rubén Salazar Mallén publica un texto narrativo con "malas palabras". La reacción adversa es tumultuosa. La presión de la derecha obliga a casi todos los Contemporáneos a renunciar a sus puestos en la administración pública, mientras los "revolucionarios pudibundos" pasan a la acción directa. Los homosexuales como género pertenecen entonces sin discu-

sión a la contranatura, y a esto se le añade, agravado, el estigma de lo femenino. Según los guardianes de la Norma, un homosexual se degrada voluntariamente al asemejarse a las mujeres, y justifica plenamente la condena machista, el registro público y privado de tal envilecimiento. El *joto* amenaza la continuidad de la especie y los valores fundamentales, y su impudicia se extrema al exhibirse allí donde era inexistente por invisible. ¿Cómo es posible que entes tan sujetos al menosprecio, ya no reciban el encarcelamiento o la supresión física y no se les pueda reducir a las catacumbas o, como durante la dictadura porfiriana, mandarlos a trabajos forzados en Valle Nacional? La persecución se acrecienta, ataviada de lealtad a la tradición. En 1925, Jiménez Rueda se queja del "afeminamiento de la literatura", y es preciso recordarle la existencia de *Los de abajo* de Mariano Azuela para disuadirlo de sus lamentaciones por la genitalidad que se evapora.

En *El movimiento Estridentista* (Ediciones de Horizonte, 1926), Germán List Arzubide es lapidario. Su movimiento, "amurallado de masculinidad", triunfó en 1921 y 1922, y "los verseros consuetudinarios habían sido descubiertos en la Alameda, en juntas con probabilidades femeninas y habían sido obligado por la Inspección General de Policía a declarar su sexo y comprobarlo, acusados de un chantaje de virilidades en caída". La retórica, un tanto maltrecha por el tiempo, remite a la furia de las denuncias en artículos y conversaciones de café, y a la fe en la "hombría cabal" como el lenguaje de la hora. Por eso, List Arzubide considera "necesario rescatar a Vasconcelos plagiado por los maricones que rumiaban el premio Rockefeller –$500 000 un hombre preñado–".

"LOS CREADORES DE UNA ATMÓSFERA DE CORRUPCIÓN"

En su muy documentado ensayo "Usos amorosos del joven Novo: el secreto y el estudio", Sergio González Rodríguez recupera la noticia de una razzia policíaca de que informa la revista *Detectives* (15 de octubre de 1934):

La gacetilla policíaca de las últimas semanas se refería a la captura de unos "niños bien" que habían sido sorprendidos en una casa de la Rinconada de San Diego cuando se entregaban a expansiones demasiado atrevidas. La gacetilla no citaba nombre de algunos de esos "niños bien" que provocara el escándalo de la época.

Sin embargo, más tarde, en los mentideros teatrales, cafés y tertulias se citaban nombres de algunos que forman el cenáculo literario en boga, y se asociaban tales nombres a los de algunos reproducidos por Diego Rivera en uno de los frescos de la Secretaría de Educación Pública. (En *Cuidado con el corazón. Los usos amorosos en el México moderno*, INAH, 1995)

De seguro, el rumor asocia de inmediato a Villaurrutia y Novo con los detenidos; sin embargo, la nota de *Detectives* es el único testimonio sobre la razzia, algo no fácil de creer por la notoriedad de ambos en los círculos culturales y por el halo de tremendismo sexual de Novo. El moralismo de *Detectives* es consistente. Se entrevista a un agente policíaco y se concluye:

No deja de producir graves meditaciones tratar de resolver satisfactoriamente las causas del homosexualismo en los círculos intelectuales, decía el detective: Habría que aclarar que con frecuencia este distinguido policía se ha encontrado en las listas a individuos muy conocidos en determinados centros y círculos que están calificados como afeminados sorprendidos *in fraganti*. Es el momento de resolver el castigo para estos individuos, que aunque sólo sea por inmoralidad o faltas a la moral pública, se han encontrado en situaciones muy embarazosas. Hay nombres que pesan mucho por su "respetabilidad" pública y por su "personalidad" literaria.

Antes, los pintores revolucionarios del grupo 30-30, le han exigido al gobierno la renuncia de varios funcionarios, incluidos los "dudosos":

Y estamos contra el homosexualismo, imitado a la burguesía francesa actual, y entre ellos, favorecidos ahora, y nosotros, luchadores incansables, existe el abismo de nuestra honradez que no se vende por un puesto. El gobierno no debe sostener en sus secretarías a los de dudosa condición psicológica.

La denuncia de la revista *Detectives* hace que se pase de la queja a la acción directa. Se instala en la Cámara de Diputados un muy estalinista Comité de Salud Pública que "depurará al gobierno de contrarrevolucionarios" y el 31 de octubre de 1934, un grupo de intelectuales (José Rubén Romero, Mauricio Magdaleno, Rafael F. Muñoz, Mariano Silva y Aceves, Renato Leduc, Juan O'Gorman, Xavier Icaza, Francisco L. Urquizo, Ermilo Abreu Gómez, Humberto Tejero, Jesús Silva Herzog, Héctor Pérez Martínez y Julio Jiménez Rueda) le solicita a este Comité que, si se intenta purificar la administración pública,

se hagan extensivos sus acuerdos a los individuos de moralidad dudosa que están detentando puestos oficiales y los que, con sus actos afeminados, además de constituir un ejemplo punible, crean una atmósfera de corrupción que llega al extremo de impedir el arraigo de las virtudes viriles en la juventud [...] Si se combate la presencia del fanático, del reaccionario en las oficinas públicas, también debe combatirse la presencia del hermafrodita incapaz de identificarse con los trabajadores de la reforma social.

Otra versión de estos hechos la da en sus memorias (*Soberana juventud*) Manuel Maples Arce, de joven un poeta libertario del grupo Estridentista:

En una ocasión nos reunimos en el Salón Verde de la Cámara de Diputados para tratar el problema de los homosexuales en el teatro, el arte y la literatura. Aunque hubo declaraciones reprobatorias, el diablo metió el dedo y ellos se quedaban más orondos que nunca, mientras la gente se preguntaba por qué se les permitía moverse con tanto desplante, cuando en la época de Porfirio Díaz se les obligaba a barrer las calles, como aconteció alguna vez a los que hicieron célebre el número 41, que popularizó una estampa de Posada. La moral pública no depende de un grupo: es el estilo de una sociedad como diría Ortega y Gasset, y cuando ésta acepta que cada quien haga de su juicio un papalote, no existe posibilidad de dignificación.

El espíritu de mafia les dio preponderancia. A veces emprendían verdadera persecución contra quienes se resistían a solidarizarse con sus intentos de hegemonía intelectual o se negaban a entrar en aquel monipodio. Fue la época de la insistente publicidad de Proust y Gide, en cuya obra se amparaba la comedia de los "maricones" y el cinismo de los pederastas.

Para escapar a toda responsabilidad adoptaron una posición neutral que les permitió sobrevivir por encima de todos los conflictos ideológicos que han conmovido a la nación mexicana. Nunca fueron de derecha ni de izquierda [...] Pretendían una estética que los eximía de compromisos y los ponía al margen de toda obligación responsable.

A la sombra de protectores deseosos de aparecer como mecenas intelectuales, editaron, con el dinero de la nación, una antología en que los agraciados escribieron sus panegíricos, los unos sobre los otros.

LA SÁTIRA: LA RESPUESTA PERDURABLE

En 1926 Novo inicia la serie de sonetos y décimas de "La Diegada", una etapa del pleito entre Diego Rivera y los amigos del escritor Jorge Cuesta que se casa con la ex mujer de Diego, Lupe Marín. En su arrebato vindicativo, estos versos dan idea del sabio aprendizaje quevediano en la querella *ad hominem*. Frente a chistes, imitaciones, desprecios y rechazos, se levantan los sonetos que inundan de oprobio al Artista de la Revolución. En uno de los murales de la Secretaría de Educación Pública, Diego Rivera hace un retrato despiadado de Novo, y él responde con "La Diegada", que expone las farsas involuntarias del pintor, y comenta el "adulterio" de la compañera de Diego, Lupe Marín, con Jorge Cuesta. En su sátira, Novo se olvida del refinamiento y se atiene al arte del insulto:

> Cuando no quede muro sin tu huella,
> recinto ni salón sin tu pintura,
> exposición que escape a tu censura,
> libro sin tu martillo ni tu estrella,
>
> dejarás las ciudades por aquella
> suave, serena, mágica dulzura,
> que el rastrojo te ofrece en su verdura
> y en sus hojas la alfalfa que descuella.
>
> Retirarás al campo tu cordura,
> y allí te mostrará naturaleza
> un oficio mejor que la pintura.
>
> Dispón el viaje ya. La lluvia empieza.
> Tórnese tu agrarismo agricultura,
> que ya puedes arar con la cabeza.

Tan es impecable la sátira, que se reproduce a mano o en copias mecanográficas, y aun quienes no soportan al autor festejan la voluntad de no dejarse y el talento. Novo se lanza contra los provincianos, contra los izquierdistas, contra los falsos prestigios, contra los machistas. Así, verbigracia, este choteo de la prédica marxista (de 1934 o 1935):

> *El arte proletario*
>
> Como tengo una gripe extraordinaria
> no he podido salir, y he recorrido

las páginas de un libro esclarecido
sobre el arte y la masa proletaria.

"La infecunda teoría libertaria
–los derechos del hombre– ha producido
el arte por el arte, sin sentido
social y sin sustancia doctrinaria."

"Ya el régimen burgués, siervo del oro,
desmorona su forma inconsistente
y criminal..."
        (Iría al inodoro
de buena gana, pero estoy caliente,
me puede dar bronquitis; me incorporo
y me arrodillo a miar, plácidamente)

Novo va a fondo, si ya le dijeron de todo, es su oportunidad de mostrarse recíproco. Es la hora del multiescarnio, de él y de sus semejantes, de él y de sus jueces, de él y lo que aminore verbal y literariamente la condena. Así, Novo describe a un amigo (Xavier Villaurrutia):

Esta pequeña actriz, tan diminuta
que es de los liliputos favorita,
y que a todos el culo facilita,
¿es exageración llamarle puta?

Al comentar la sátira en la literatura mexicana, Octavio Paz ve en Novo a un maestro del género. "Tuvo mucho talento y mucho veneno, pocas ideas y ninguna moral. Cargado de adjetivos mortíferos y ligero de escrúpulos, atacó a los débiles y aduló a los poderosos; no sirvió a creencia o idea alguna, no escribió con sangre, sino con caca. Sus mejores epigramas son los que, en un momento de cinismo desgarrado y de lucidez, escribió contra sí mismo. Eso lo salva." (En *México en la obra de Octavio Paz III. Generaciones y semblanzas.*) No reconozco a Novo en este trazo. En su obra satírica no ataca a los débiles, ya que, de Diego Rivera en adelante, estrictamente débil no es casi ninguno de los agredidos, ni tampoco adula a los poderosos. Más bien, se ríe de ellos. (Otra cosa son sus artículos, sobre todo a partir del gobierno de Miguel Alemán.) Y en cuanto a no servir a ideas o creencias, la intención de la mayoría de sus versos satíricos, escritos entre 1921 y 1940, es defenderse del machismo, y el hecho mismo de sobrevivir, y en el espacio de los privilegiados, es una idea y una moral muy entendibles. Para protegerse, Novo nada más dispone de su ironía y la usa a fondo. Si al oprimido se le considera temible, la opresión amengua.

LA RESPUESTA PERDURABLE

Novo es despreciativo y es muy hábil. Conoce los daños de la ironía y la técnica del insulto memorable, y sus ataques no consisten en grandes parrafadas sino en agudezas. Al libro de poemas de Maples Arce, *Andamios interiores*, lo rebautiza: "Andamos inferiores". Consciente del rencor al comportamiento diferente, y de la sorpresa de hallar entre *los maricones*, esas criaturas de las torterías y los burdeles, a escritores de talento indudable y con el don de la represalia, Novo se esmera. Al Comité de Salud Pública le dedica un soneto mortífero:

> De todo, como acervo de botica,
> en un crisol en forma de mortero,
> bazofia de escritor, caca de obrero,
> cuanto puede caber en bacinica,
>
> al Comité de la Salud Publica
> que imparte un diputado –reportero,
> al que no sea burro manadero,
> denuncia porque daña y porque pica.
>
> No temáis que la gente se equivoque,
> que si aprenden a hablar los animales

los denuncia la cola que les cuelga.

Quedaremos de acuerdo en lo de Bloque;
pero obreros, ¿seréis intelectuales
si el seso os anda en permanente huelga?

Las fuerzas son muy desiguales. Ante las tradiciones machistas, el odio de los que se sienten desplazados y el credo revolucionario, Novo elige la estrategia a mano y responde al hostigamiento con el arma única de la maestría verbal. Pongo un ejemplo. En *México por dentro y por fuera* (Editorial Claridad, 1934), el periodista boliviano Tristán Marof arremete contra los Contemporáneos en el capítulo "Literatos afeminados":

El viajero o el observador, desde el primer momento se sorprende en México del abuso literario de la palabra "joto". Cualquiera se imagina que se trata de algún nombre consagrado. El encanto se desvanece rápidamente, pues los señores literatos "jotos" son tristes y desvaídos burócratas, que desempeñan servicios inferiores en la administración mexicana [...] No tienen ni imaginación. Salvador Novo es autor de un libro sedante, jactancioso y para ciertas mujeres lesbias.

Luego de esto, la respuesta del aludido podrá ser excrementicia, pero se atiene a la consigna íntima de no dejarse:

A un Marof

¿Qué puta entre sus podres chorrearía
por entre incordios, chancros y bubones
a este hijo de múltiples cabrones
que no supo qué nombre se podría?

La campaña contra los "maricones" se extrema. Desde la perspectiva actual, se trata también y pese a todo, del primer reconocimiento de lo diverso, que así sea despiadado, lo es menos que el silencio a ultranza. ¿Cómo admitir la existencia de otros comportamientos, sin confiarle la bienvenida pública al linchamiento moral? Si no agrede y desprecia, el que menciona a "los Otros" se vuelve sospechoso. Vilipendiarlos no sólo es proteger el patrimonio genital de la República; es también certificar la propia virilidad.

En su famosa caricatura "Los Anales", Orozco los ve como seres grotescos; en los muros de la Secretaría de Educación Pública, Diego Rivera se burla de Antonieta Rivas Mercado, a quien una revolucionaria enérgica le entrega una escoba para que barra los restos de esa simbología de liras, paletas de pintor exánime, rosas blancas y un número de *Contemporáneos* de 1928. Con expresión desolada, la Rivas Mercado ve a un obrero revolucionario ponerle el pie a un poeta con orejas de burro. Años más tarde, Antonio Ruiz, el Corzo, en su cuadro *Los Paranoicos*, también llamado *Los Espiritifláuticos* o *Los Megalómanos*, pinta en una plaza de pueblo el paseo o el desfile de seis seres afrentosos, con el fondo del palacio municipal y las fechas cabalísticas en su pórtico: 1810-1941. Los paseantes son, muy obviamente, Antonieta Rivas Mercado, Manuel Rodríguez Lozano, Salvador Novo, Roberto Montenegro, Xavier Villaurrutia y una mujer del pueblo con joyas y estola, posiblemente un travesti.

El linchamiento moral es fenómeno de resonancias culturales y literarias muy amplias. Se ostenta como lealtad a las tradiciones y procede como una serie de "órdenes de expulsión". Sin embargo, la admiración por la obra de los perseguidos trasciende el descrédito, y en un momento dado, profesionalizarse en el odio a los homosexuales es colocarse en situación de debilidad. De tanto insistir, los censores se arrinconan porque, lo quieran o no, se quedan "afuera" al insistir en la importancia de los seres que abominan. Si no desaparecen luego de los asaltos machistas, los gays se vuelven instituciones.

El reconocimiento del talento hace las veces de respeto y acaba multiplicándolo. Sin ese elemento, lo demás no resulta operativo. Y al crecer la sociedad, el rumor o el chisme malévolo sobre una persona dejan de ser funcionales; es tan grande la ciudad que las insinuaciones y los gracejos no son ya formas privilegiadas de la valoración social, y las divulgaciones de la vida privada siguen interesando, pero ya se disocian del juicio público.

Tal vez sin tomar en cuenta las atroces circunstancias de la época, Paz resume así la actitud de Novo, Pellicer y Villaurrutia: "Fueron honrados consigo mismos y se enfrentaron con entereza y aun con humor a la intolerancia. Sin embargo, no se encuentra en sus escritos la independencia moral y la coherencia intelectual de un Gide o la rebeldía de un Cernuda" (*México en la obra de Octavio Paz II*). No, no se encuentra pero sí es palpable la rebeldía del no ocultarse, en espacios bastante más asfixiantes que los de París en el tiempo de *Si la semilla no muere* y *Corydon*, o incluso que los de España en la década de 1930, y hay también, en el caso de Novo, la insolencia que distribuye textos (para nada) "secretos". Y en cuanto a independencia moral, las de Pellicer y Villaurrutia son innegables, y hasta cierto momento la de Novo.

VI. La poesía. La madurez de la inocencia
■

LAS DIVERSIONES Y LAS EXPIACIONES:
"SERÁS ELPRESIDENTE DE LA LUNA"

Ensayos (1925) contiene los XX *poemas* que explican el texto
introductorio de Carlos Pellicer, "Oda a Salvador Novo":

> Salvador, salvarás a aquella pobre gente
> de la filosofía. Serás el Presidente
> de la luna. Impondrás los automóviles
> marca Chopin para las familias gordas.
> ¡Oh, Novo Salvador!
> inaugurarás el garage del amor
> con películas incaico siberianas.
> Serás el único y su propiedad
> en medio de una cosa destartalada.

En su primera colección poética, el programa de Novo es
clarísimo: relación burla/deseo con la posteridad, uso del
humor para reconciliarse con y alejarse de "la realidad", creencia en la ciudad como entidad formativa, la verdadera
"maestra de la vida". Y la tesis subyacente es innovadora: poesía es lo no previsto por las tradiciones disponibles, y es, también y por lo mismo, lo no consagrado, la metamorfosis de
las cosas comunes, el desfile de sardinas, máquinas *noisy*
Steinway, películas de Paramount, calamares en su tinta, un
masajista de Nueva York, redes telegráficas para jugar tenis,
ombligos para los filatelistas. En Novo lo poético surge, por
ejemplo, de la asociación libre de ideas que, bien vista, deriva
de una lógica impecable:

> Pero una piedra

(¡Oh, Einstein!)
hizo volar mil murciélagos
de la Torre de Babel.
(De "Charco")

Antes de xx *poemas*, el Novo adolescente produce textos de
trasfondo romántico y resonancias neoclásicas, donde ya se
auguran el impecable oído poético, la aptitud retórica, los
juegos visuales, la asimilación rápida de las influencias (en
este caso la de Enrique González Martínez). En el poema "A
Xavier Villaurrutia", de 1922 o 1923, se bosquejan la potencia
creadora y el incontenible "exhibicionismo moral" o como se
le diga a las técnicas para nombrar lo "innombrable":

Por la cruz inicial de tu nombre, Xavier,
y por la V de Vida que late en tu apellido,
yo columbro tus ansias humildes de no ser
y escucho el ritmo de tu corazón encendido.

Porque tu voz es sabia en callar y ceder
al claro simbolismo del rosal florecido;
porque en tus manos hay aroma de mujer
y en tu soñar angustia, y en tu ademán olvido.

Porque nuestras dos almas son como cielo y mar
profundas e inconscientes en su grave callar
porque lloramos mucho y rezamos en vano,
y porque nos devora un ansia pecadora
quiero decirte: ¡Sufre!, quiero decirte: ¡Llora!,
quiero decirte: ¡Ama!, quiero decirte: ¡Hermano!
(De "Poemas de adolescencia")

Si la clave está a la vista: "y porque nos devora un ansia
pecadora", es también evidente la fe en los poderes (reflexi-
vos) de la poesía. En dos años el cambio es completo: "Lo
mío de 1926 [...] es ya totalmente mío". Y con la originalidad
vienen las rupturas formales, las alusiones a Wilde y Gide, la

cultura como substancia y paisaje y el despliegue de la libertad asociativa:

> Infantil problema
> Divina Providencia,
> cada gato ve tres gatos
> y no son sino, bien visto,
> cuatro puntos de fósforo en resumen.
>
> (De "Resúmenes")

La maestría metafórica se ejerce para divertir y pasmar,
aliando lo imprevisto y lo regocijante. Tres ejemplos:

> a] Y que mañana la ciudad
> rumie el chicle solar en sus paredes.
> b] Los magueyes hacen gimnasia sueca
> de quinientos en fondo.
> c] Las nubes, inspectoras de monumentos
> sacuden las maquetas de los montes.

A lo predominante en la poesía mexicana de ese momento
(la intimidad sonora, el lujo acústico, las imágenes de alta ten-
sión, la vanguardia grandilocuente), Novo opone su derecho
a no ser profético, a divulgar los hallazgos de la nueva poesía
anglosajona (Carl Sandburg, Vachel Lindsay, Edgar Lee
Masters, los imagistas) y a elegir la poesía sin prestigio acumu-
lado. Como sus amigos, al desentenderse del gran público
Novo ayuda a consolidar la poesía distinta, no sujeta a las
variedades de la emoción instalada socialmente y dedicada a
la exploración de otras ideas y sensaciones literarias.

Novo es apasionadamente vanguardista. Gracias a la influencia (la contaminación) de la poesía norteamericana,
desemboca en el *otro tiempo poético* del prosaísmo que es,
simultáneamente, técnica experimental y lealtad a los temas
elegidos. Aristocratizante en lo social, Novo es tan democrático en su práctica literaria como lo exigen su conciencia urbana y su disidencia. Sus textos se adaptan a la ciudad que avan-

za y siempre es otra, con seres y situaciones que ya no intentan redimirse por la obediencia al pasado o el misticismo o el dolor asumido como carnet de identidad o la revolución como renacimiento. Sus personajes poéticos están más en deuda con la ciudad que con la Historia.

A la poesía moderna, que en México inauguran José Juan Tablada, Ramón López Velarde y Carlos Pellicer, Novo le agrega textos que no se toman en serio, o mejor, que no consienten la trascendencia. Se prefiere el encuentro casual y civilizado de imágenes e impresiones con un lector que las traduzca en placer y complicidad, separándolas de las pretensiones del arte-por-el-arte. A Novo no le interesa crear objetos estéticos, sino moverse en un espacio entre la frivolidad y la gran carga cultural, alejarse de cualquier "fijación del vértigo" disolviendo en agudezas las ensoñaciones descriptivas:

> El aire se serena
> y seguimos buscando casa.

La cita de Fray Luis de León y el nomadismo citadino, el temperamento clásico y la premura habitacional. En *XX poemas*, sucesión de juegos de artificio, el ritmo, la prosodia y la acumulación de imágenes sirven a un propósito: intentar la singularidad poética sin comercio alguno con el sentimentalismo o los valores regionales o los Grandes Conceptos o la Sensibilidad al Uso o el Estallido Radical. Intuiciones ultraístas, aprecio por las metáforas que se niega a la declamación, regocijo ante las circunstancias, extrañeza ante la ansiedad por el juicio del porvenir. En este sentido, Novo comparte la actitud bellamente descrita en 1924 por Renato Leduc:

> No haremos obra perdurable.
> No tenemos de la mosca
> la voluntad tenaz.
> (En *El aula, etc.*)

Según Novo, *XX poemas* "concentra una forma propia que

se ha liberado de los moldes en que mi voz adquirió, sin embargo, contornos perdurables. Estos poemas se podrían colgar como cuadros: ante todo son visuales":

> Post natal total inmersión
> para la ahijada de Colón
> con un tobillo en Patagonia
> y un masajista en Nueva York.
> (O su apendicitis
> abrió el canal de Panamá)
>
> Caballeriza para el mar continentófago
> doncellez del agua playera
> frente a la Luna llena.
> Cangrejos y tortugas
> para los ejemplares moralistas;
> langostas para los gastrónomos.
> Santa Elena de Poseidón
> y garage de las sirenas.
>
> (De "El mar")

Una poesía, por así decirlo, librada a sus propias fuerzas, sin apoyos en la exhortación moral, el chantaje anímico, la rima que es trampa mnemotécnica, la espiritualidad prefabricada, la (previsible) musicalidad del verso. En su ampliación de territorios poéticos, Novo renuncia al modernismo, huye del aconsejar a lo González Martínez, se deleita con el tono anticlimático y los recursos de la publicidad, y se reconoce propietario de grandes dones verbales. Antes que concepto o preceptos, Novo elige la fragmentación y los saltos metafóricos, su refutación de la sociedad estática y la literatura especializada. ¿Cuáles son, según su autor, las notas distintivas de estos textos? El desenfado y la ironía que ultrajan las "leyes de gravedad", la incapacidad de disociar poesía, prosa y estilo vital. Si, a un costo altísimo, Novo ya es libre en la inclinación sexual, ¿por qué no serlo en los poemas, los ensayos y los artículos?

Espejo, poemas antiguos (1933) es uno de los libros más felices de Novo, la recaptura o la invención del pasado en donde intervienen técnicas de la poesía anglosajona, anticipaciones del estilo coloquial que habrá de popularizarse en América Latina, y fulgores de la inocencia maliciosa que ve el mundo como por vez primera pero desde el conocimiento. Animado por su descubrimiento de Freud, Novo se asoma a la infancia, no a los hechos sino a las percepciones íntimas, y reconstruye imágenes y actos formativos: su foto a los dos años de edad, su acercamiento tempranero a la geografía y la historia, las afirmaciones de la niñez excepcional que se ufana de las dudas y el entendimiento de los límites: "Dios creó el mundo / yo sólo puedo / construir un altar y una casa".

En *Espejo*, Novo reconstruye los orígenes de su sensibilidad, de su adopción forzada de creencias y costumbres. Se recuerda inerme, curioso, crítico, ávido de los sentimientos que no se le permiten y del saber que se le da con facilidad entre revelaciones de su carácter único:

> El profesor no me quiere;
> ve con malos ojos mi ropa fina
> y que tengo todos los libros.
>
> No sabe que se los daría todos a los muchachos
> por jugar como ellos, sin este
> pudor extraño que me hace sentir tan inferior
> cuando a la hora del recreo les huyo,
> cuando corro, al salir de la escuela,
> hacia mi casa, hacia mi madre.
>
> (De "La escuela")

Esta poesía del recuento autobiográfico ya "psicoanalizado" busca transmitirle al lector inteligente (el mismo Novo para empezar) las primicias de la transgresión. Así –es el mensaje– fueron o así debieron ser las sensaciones, las atmósferas, las impresiones de infancia normadas por el determinismo psíquico y que sin saberlo aspiraban a lo poético, mientras confusamente sexualizaban "este pudor extraño". La escuela primaria es un orbe autosuficiente, y en las recitaciones se forja el oído literario. Educarse es perder el candor, y el contexto de esta acción mutiladora es una certeza: el conocimiento pasa por la declamación, la memoria y la ironía:

> Antes de venir a la escuela
> no distinguía entre los nombres;
> todos ellos me parecían iguales.
> Ahora sé:
> Europa, Asia, África, América, Oceanía
> y México. ¡Viva México!
> "Espléndido es tu cielo, patria mía".
>   (De "Libro de lectura")

Espejo, libro muy unitario, bosqueja los inicios de una sensibilidad a contracorriente. El personaje poético se triangula: al niño lo observa el adulto que "infantiliza" su mirada, y el adulto regresa en su doble condición de niño y gente madura al orbe cerrado donde las impresiones lo son todo (algo no muy distinto al papel del viejo profesor interpretado por Victor Sjöstrom en *Fresas salvajes* de Bergman, que desde su edad representa al niño que fue). Y en "El amigo ido", quizás el mejor poema de *Espejo*, la indagación llega a su clímax, y la infancia se suspende en el momento del abandono un tanto anarquista del mundo idílico:

> Ya voy a presentar sexto año;
> después, según todas las probabilidades,
> aprenderé todo lo que se deba,
> seré médico,
> tendré ambiciones, barba, pantalón largo...
>
> Pero si tengo un hijo
> haré que nadie nunca le enseñe nada.

Quiero que sea tan perezoso y feliz
como a mí no me dejaron mis padres
ni a mis padres mis abuelos
ni a mis abuelos Dios.

VII. Dandismo: las manos
que sí nos pertenecen
■

"La pose –lo señala Silvia Molloy– es un gesto político." A la
tradición también se renuncia con ademanes, y el exhibicionismo gana espacios. (*Exhibicionismo*: todo aquello que abandona el lugar prefijado en la sociedad.) El *poseur* es en última
instancia un maquillaje, al país católico lo cruzan sensibilidades marginales, y Novo encarna y hace visible una de ellas.
Cobra aquí nuevo significado el recado del marqués de
Queensberry: "To Oscar Wilde, posing as a so*n*domite" (se
respeta su error de ortografía que ya es historia). Posar como
algo envilecido es un crimen comparable al hecho de serlo.

Sin proponérselo, Novo acelera entre 1920 y 1940 una
nueva mirada social. *Posar como sodomita*. Retratarse jactancioso sin necesidad del expediente y el acta del Ministerio
Público, simplemente porque le da la gana; salir a la luz del
día y en medio de las "ondas arcádicas" del vestuario y los
gestos; contradecir a la Revolución en un punto: la apariencia de virilidad es el prerrequisito de la batalla. Novo posa
como la imagen que se espera de los desviados, y al ajustarse
a las ideas preconcebidas, las trasciende. Posar como *lo que se
es* resulta imposible al no concedérsele al gay la plena humanidad. Así son los afeminados, pero si alguien desborda el
límite de su estilo, así ya *no* son. La parodia devora lo parodiado. Novo no es un travesti, no es alguien que disimule sus
inclinaciones, es en rigor *una pose,* la semblanza animada que
denuncia la proclividad a través de los desfiguros alucinados
y divertidos. En el culto a la apariencia límite, otros son tan
extremos o más, el pintor Alfonso Michel por ejemplo, pero
en Novo el conjunto (las manos que predican hasta el final la
estética del movimiento inesperado, la voz hipnótica, los ani-
llos, los bisoñés, los trajes como latifundismo textil) es el

ultraje que equilibra la singularidad. "Es demasiado, pero es también único."

(Démosle su oportunidad al dandismo del pintor Alfonso Michel. Inés Amor, en sus memorias, lo describe en la década de 1940: "Se maquillaba, tenía preciosos ojos y se retocaba las pestañas. Vestía un sacón largo, camisas de cambaya de colores brillantes y pantalones de mezclilla precursores de los jeans. Además usaba unos colgajos sensacionales: aretes raros de oro, colmillos de tigre, jades precolombinos y hasta perlas muy buenas, todo acompañado de un enorme morral que le colgaba desde el hombro. Usaba el pelo revuelto y ondulado [...]")

La pose: la invención de esculturas vivas no imaginadas por la sociedad, la autopromoción de la elegancia que aturde a sastres y codificadores del lenguaje no verbal. Desde la *Revista Moderna* y la "bohemia de la muerte" de fines del siglo XIX, el dandismo es ya tradición en México, pero es un dandismo disuelto por la ebriedad bohemia, por los escándalos que se disuelven en el estrépito de los burdeles. Novo es un dandy de alta sociedad que al pasear por cenas y teatros acata y perfecciona las reglas de juego del ideal burgués: el estilo es siempre superior al contenido. La ética es asimilada por el cinismo, las emociones se reservan para la hora de la embriaguez. Un dandy aislado es un anacronismo, un dandy reconocido ratifica la obtención generalizada del buen gusto. Y el dandy acompaña su pose con su ingenio:

Por eso yo prefiero –diría el helenista wildeano– los cigarrillos. Son el perfecto placer porque no dejan nunca completamente satisfecho.

(De *El joven*)

La pose (la sensibilidad gay que se educa en la notoriedad del refinamiento) usa del estilo para avisar de la inevitabilidad del anhelo prohibido, y es una técnica pedagógica. En *Against Interpretation*, su ensayo sobre el camp, esa maquinaria de hechizo y autofascinación, Susan Sontag ve en el cultivo del sentido estético una vía de integración de los gays en la sociedad. Pero el ensayo de Sontag es de 1965, y Novo en la década de 1920 se integra gracias a la condición anómala, que, con su consentimiento y sin él, lo vuelve el símbolo del amplio criterio de quienes lo contemplan y, pese a todo, lo admiran. Vienen a cuento las palabras de Wilde a Gide: "Mi deber para conmigo mismo es divertirme terríficamente [...] nada de felicidad, sólo placer. Uno debe buscar siempre lo más trágico". La tragedia no ocurre, sólo el triunfo y las justificaciones respectivas:

> Recuerdo mis 12 años, y el terror que entonces me daba la idea de envejecer, de llegar un día a ser repugnante y odioso. Y cuando pasan los años, *chaque jour on reporte a un peu plus loin la promesse*. ¡Acaso lo soy ya! Y me ha sido preciso sustituir el amor porque todo acto es siempre grotesco. (En *Return Ticket*)

No hay necesidad de recurrir al psicoanálisis instantáneo. En artículos, crónicas y poemas, Novo insiste en la imposibilidad del deseo recíproco, y por eso halla en la pose el elemento imprescindible de la autogratificación. Hay cosas que sabe el fifí que las ignora el latin lover.

EL DANDY Y SU GUARDARROPA

Un escritor, hecho a un lado por su orientación sexual y el temperamento prosístico consiguiente, acepta y elude las reglas del juego, hace de la apariencia de dandy su método publicitario y convierte el uso de la polvera en público y la ronda de accesorios más que llamativos, en sistemas metafóricos incorporados vívidamente a su obra. Para ser reconocido, Novo combina opulencia idiomática y banalidad y –al no permitírsele conjuntar el sexo y el erotismo– se afilia a la imagen del mundo como totalidad estética. En su análisis de Wilde y Gide, y el carácter confesional de *El retrato de Dorian Gray* y *Los monederos falsos*, Hans Meyer ve en la estetización de los problemas morales la primera vía de legitimación de lo "socialmente inmoral". Si lo anterior no es criterio exclusivamente homosexual en las sociedades incapaces de concederle utilidad espiritual al arte, sí determina la sensibilidad artificial que es "decadentismo" en el siglo XIX, y en el siglo XX es el *camp* (de allí la frase de Dennis Altman: el *camp* es al homosexual lo que el *soul* al negro). Esto, que dura hasta la revuelta gay de Stonewall en 1969, cuando en Nueva York un grupo de travestis se enfrenta a la policía, explica la técnica del artificio, el engaño dentro del engaño, el escamoteo de la tragedia por el patetismo con final sardónico, la ironía que se burla de los méritos propios para neutralizar el linchamiento moral, la ferocidad a costa de lo que se ama (y que por lo mismo se está dejando de amar), el travesti como inventor de la realidad que termina imitándolo, la parodia que ridiculiza al mismo tiempo al objeto parodiado y al sujeto escarnecedor.

El mundo, una pura y simple totalidad estética a la que "humaniza" la vida social, sustituto forzado de las desventajas y ausencias de la vida personal. La "inmadurez" (la ausencia de familia y de respetabilidad) evita el "envejecimiento" que traen consigo los progresos diarios de los hijos. La fascinación por la forma (en el vestuario, la comida, las conversaciones, la profesión, la escritura) lo es todo, porque la maestría formal triunfa sobre la inarticulación circundante y porque, por ejemplo, los capaces de encandilamiento gestual le permiten al lenguaje corporal abandonar por un instante las funciones utilitarias aceptadas por los dogmas del Macho y la Hembra "como Dios manda". El pasmo estético va del makeup matinal a *La Ilíada*, del recuerdo de una cena a la escenificación satírica de la intimidad. Acéptese la existencia de estilos que al jerarquizarlo todo de nuevo trastocan el sentido de la normatividad. Donde dice "moral y buenas costumbres" debe decir imágenes de Greta Garbo o Marlene Dietrich o Dolores del Río, idolatrías encumbradas sobre el juego de luces y sombras, aforismos y frases que avergüenzan o sorprenden a los convencidos de la rigidez orgánica del habla. La solemnidad mata y el glamour vivifica, y al glamour lo renueva el estilo, el vocero autorizado de la personalidad.

¿De qué manera conserva su salud mental un marginado? ¿Cómo acepta el derecho a la conducta propia si el entorno lo repudia, la Iglesia católica y la Sociedad lo condenan, y la conciencia de culpa está al servicio de los dictados de la moral judeo-cristiana? La solución de unos cuantos es –con la imposibilidad manifiesta de la empresa– hacer de sus vidas obras de arte, para lo cual se requiere de la poesía, zona de resistencia. Sí, los deseos son innombrables; sí, gracias a la forma el deseo se acerca. Novo liquida las distancias entre maestría literaria y uso aprovechable de la forma, se resiste a la indulgencia y es intolerante con quienes, de adoptar él un ánimo reservado y monacal, se inclinarían a compadecerlo.

En su ensayo sobre Yukio Mishima, Gore Vidal ofrece una hipótesis: "pudiese ser que el fenómeno actual, el escritor que convierte a su vida en su arte, sea el más útil de todos". ¿Útil en qué sentido? ¿Como ejemplo, admonición, espectáculo, biografía que incorpora elementos de la estética o viceversa? Útil, digamos, con la utilidad conferida a la experiencia límite que conquista y genera un espacio social.

LOS MAESTROS: WILDE

En la cultura internacional a la que Novo se incorpora, la de los gays refinados, políglotas, informadísimos, salvados por la estética de la expulsión de la ética prevaleciente, es primordial el juego del refinamiento (de las costumbres, ideas, gustos adquisitivos, libros, pinturas, modos expresivos). Y al afinar esta minoría sus "rasgos característicos" (conversación que aspira al nivel de literatura efímera, sentido del humor que reduce al absurdo las pretensiones de los machos y los patanes, "exotismo", fe en la singularidad del buen gusto), el modelo es Wilde, el que a lo largo de las generaciones que lo suceden compartiendo su orientación sexual, es la primera referencia. Para muchísimos, Wilde es la Universidad esencial.

A Wilde se llega casi sin proponérselo. Con y sin proceso sensacionalista de por medio, la gente culta lee su narrativa, memoriza sus aforismos, asiste a sus obras de teatro (la más representada: *La importancia de llamarse Ernesto*). Pese a la caída monumental del "gran gusano blanco" (de la que sólo se habla en las conversaciones "para hombres"), es imposible, a fines del siglo XIX y principios del siglo XX, ignorar culturalmente al narrador, el fabulista, el dramaturgo, el renovador del sentido del humor. Y también, para un gay de talento, el Wilde del éxito es el *Role model* perfecto porque enseña lo conducente en los propósitos de dominio social y de manejo de la desolación. Si Wilde es la imagen del destino trágico, inevitable en los gays, también es la secuencia de triunfos y el trazo de una vida muy productiva hasta un minuto antes de la caída. Para quienes gozan de las horas y los años que los separan de la fatalidad, sea ésta la soledad de la lujuria unilateral, o sea la disipación en el escándalo, el enlace entre las dos perspectivas es Wilde. No hay otro. Wilde es la tragedia-al-final-del-camino, o es, más ventajosamente, el éxito, porque la obra sobrevive a la infelicidad personal. Entonces, el gay de talento y/o de buena posición se prepara para el desenlace tremendo disfrutando aún más de la buena suerte. (A los gays de la pobreza nada más les aguarda lo que se da en llamar "el infierno".)

A Novo la vida y la obra de Oscar Wilde le provocan conflictos. Si en él resulta muy discernible el tono wildeano, no sólo en el estilo de las agudezas sino en la indistinción entre ética y estética, también le urge quebrantar la leyenda ("Todo homosexual es un aprendiz de Wilde"), y por eso se distancia del ídolo con una crítica más bien lamentable. En *El Universal Ilustrado* del 6 de diciembre de 1928, Novo reseña la publicación del libro de Frank Harris, *Vida y confesiones de Oscar Wilde*, que Ricardo Baeza traduce para Biblioteca Nueva de Madrid. Al referirse a los procesos de Wilde, su prisión y su relación con Alfred Douglas, Novo es inclemente:

> Por desgracia, estos sucesos, viejos y superados ya, nos interesan tan poco como la deslucida obra misma del superficial comediógrafo y novelista.

¿Por qué tal incomprensión? Novo está muy al tanto del valor de Wilde, y es demasiado lúcido como para no apropiarse en alguna medida de su infortunio y no admirar a fondo al comediógrafo, el novelista, el aforista y el ingenio deslumbrante. No obstante eso, por equilibrios psicológicos o sociales, Novo reniega de Wilde en varias ocasiones. Así, el 8 de julio de 1949 comenta *Un marido ideal*, el film inglés con Paulette Goddard:

> Siento reconocer que hicieron lo mismo que hubieran hecho los americanos y que las paradojas de Wilde suenan a estas horas absolutamente vacías, forzadas y sin chiste. Debe de ser que el humorismo, como lo esclareció el maestro Freud, es una válvula de escape para una represión personal o colectiva siempre contemporánea, condición que invalida su vigencia más allá de su tiempo, y que le niega la inmortalidad cuando al chiste mismo no van unidas virtudes más permanentes, literarias o plásticas, cuando es únicamente, como lo era en el caso de Wilde, un pinchazo destinado a desinflar los postizos victorianos de la sociedad londinense como aquélla en que el señor ejercía el apriorístico resentimiento que entonces se tomó por talento, y que de vivir hoy, le depararía un muy secundario lugar en la confección, digamos, de programas de radio para cómicos norteamericanos.

Este parricidio casi literal se atiene a un modelo de psicología pop: el discípulo que elimina al maestro creyendo cumplir su voluntad. En *La balada de la cárcel de Reading*, Wilde emite su sentencia: "Yet each man kills / the thing he loves... the coward does it with a kiss, / the brave man with a sword". (Rosario Castellanos lo reescribe: "Matamos lo que amamos. Lo demás / no ha estado vivo nunca".) A momentos, Novo se exaspera con el Wilde derrotado, y a momentos, sin la búsqueda del martirio, exalta a su gran modelo de poses radicales, y de esa confusión de sentimientos proviene en última instancia la crítica al autor de *El retrato de Dorian Gray* y al libro mismo. Al heredero de un estilo le obsesiona la indefensión melodramática del Wilde de la prisión, del hombre que se oculta tras el seudónimo de Sébastien Melmoth, del vencido de antemano por los encantos de Alfred Douglas. Novo, condenado por sus características a ser un derrotado en la vida, un paria, jamás comparte el amor por las causas perdidas. Se afilia al culto por el éxito, para no prolongar con su vida la sordidez a que quiere sometérsele. En la madurez, suele ser melodramático, pero mientras le dura el impulso juvenil abomina del género y eso lo hace negar, ingrata y absurdamente, el genio de Wilde.

LOS MAESTROS: ANDRÉ GIDE

A la vanguardia cultural le urge romper el aislamiento que ha caracterizado a México, estar al día de las experiencias de la modernidad. Si no se quiere la doble opresión del tradicionalismo y el chovinismo, hay que destruir prejuicios y cánones desvencijados, renunciar a la poesía rimada, pintar muy conscientes de la existencia de Picasso y, muy especialmente en el caso de las minorías, asumir la consigna de André Gide: "Vivir peligrosamente", es decir, desafiando la cerrazón social. Al periodista Ortega en *Revista de Revistas* (10 de abril de 1932), Xavier Villaurrutia le confía el credo de su generación:

Es la moral de Gide la que nos interesa, lo que me interesa. Humana, profunda, valiente, ayuda a vivir. Hazte quien eres, decía Nietzsche. Vive como eres, parece decir André Gide.

Usted sabe que por lo que se refiere a esa familiaridad con la obra moral de Gide, nosotros no hicimos sino coincidir en el tiempo con los nuevos espíritus del mundo que, del mismo modo que nosotros, encontraron en su obra una incitación a la falta de hipocresía moral. Antes de Gide parecía absurdo hablar de uno mismo, mostrarse tal cual es uno.

A su manera, Villaurrutia ha descrito el proceso que traza Richard Sennett en su excepcional *The Fall of the Public Man*, y que en Europa se da desde fines del siglo XIX: la reapropiación individual que es la primera característica de la cultura urbana. A la distancia se aclara el propósito básico de la vanguardia de la década de 1920: ejercer la ciudad con la "libertad de tránsito" psicológica que aprovecha las oportunidades creándolas. Y el "espíritu de la época" (el acervo de impresiones y respuestas artísticas que le es común a un gran número de creadores) ubica *lo propio* de las nuevas ciudades: la tecnología, la electrificación, el panorama de cables y edificios que a su modesta manera reproducen la ambición de los constructores de Babel. En estos paisajes, *mostrarse tal cual es* es revelar los lazos de autenticidad con la ciudad moderna. El consejo literario deviene programa de edificación de la personalidad disidente. Es tal la fuerza de lo poético (y *vivir peligrosamente* es acción poética según los seguidores de Gide), que el *Come-out* de un puñado es a la vez existencial y cultural.

Para los Contemporáneos, André Gide es el autor excepcional, así se le reserven algunas críticas. De Gide obtienen el esquema de la visión del mundo desprendida de una escritura sin fatiga. Y lo admiran a fondo. En un artículo, "Peripecias de André Gide en México" (*El Universal Ilustrado*, 4 de octubre de 1928), Novo exalta al escritor francés, por ser libre y por animar a conductas libertarias (hoy se diría: "Por extraer del clóset a los creadores"):

Y sin embargo su influencia en la literatura toda de nuestros días es innegable y profunda. Se le rinden homenajes, se le traduce, se le imita, prodúcense antologías de su obra [...] Los jóvenes lo respetan y lo siguen porque fue él, antes que Proust, quien rompiera la tradición de anatema que, si en el caso de un Rousseau, de un Montaigne, no había ahogado la sinceridad pura del instinto, había impedido en cambio a los novelistas del siglo XIX, fuera de leves y borrosos retratos como el M. Vautrin, el Rubempré, la ridícula anécdota de Sarrazine de Balzac; el Baptiste de

Zolá en *La Curée*, la Venus barbada que viene a tentar a San Antonio en Flaubert, la pintura de pasiones y vidas que un naturalismo unilateral situaba siempre, cuando se atrevía a hacerlo (Huysmans), en el más remoto pasado y con los más culpables colores, pasiones profundas, universales y humanas sin embargo, susceptibles de la más noble vida artística y que fue necesario que Proust descubriera en el mendigo y en el príncipe, en el sastre y en el boticario, en el elevadorista, en el músico de pueblo, en el noble viejo y distinguido, en el *valet de chambre* y en el personal de la legación, para que una generación que había visto desmoronarse los valores del siglo XIX en esa liberación universal que fue la Gran Guerra, llegara por fin al terreno del arte.

"*We're everywhere*", gritan los activistas gays de la década de 1970. En un texto todo lo abiertamente militante que le es posible, Novo muestra su conocimiento enciclopédico, evoca a Vautrin, el primer gay notable de la novela del siglo XIX, cita a *Sarrazine*, el libro analizado por Roland Barthes en *S/z*, y admira a Gide ("Desconfía del impulso adquirido") y a Proust, con sus repúblicas o reinos de Sodoma y Gomorra, el mundo dentro del mundo. Si su referencia a Huysmans es muy inexacta (*Al revés*, la novela que consagra al decadente Des Esseintes, no tiene que ver con "el más remoto pasado"), en cambio, el llamado a elevar la experiencia homosexual a "la más noble vida artística" es perentorio y definitivo.

Novo no es incondicional con sus héroes gays, tal vez por la autocrítica extrema. A Gide le critica *Corydon*, publicada en secreto en 1911 y en edición pública hasta 1924: "No solamente [*Corydon*] no es una obra perversa sino que resulta aburrida y nada hay tan virtuoso como el tedio. Gide ha ido a buscar en la historia, en la botánica, en la microbiología, argumentos a su favor. Gide es ya audaz en este libro, pero no es aún temerario".

Otro nombre fundamental para Novo: Jean Cocteau, con el que tiene afinidades múltiples: el teatro, la poesía, las frases memorables, el ideal de vida como laberinto estético. De Cocteau monta el Teatro Ulises *Orfeo*; de Cocteau, Novo lo lee todo, e incluso de él recibe una corbata pintada a mano. Nada le censura: al contrario de Wilde, Cocteau no ve su fama deshecha por el escándalo; al contrario de Gide, no le hacen falta pronunciamientos graves ni, en última instancia, la frivolidad disminuye el valor de su obra.

VIII. *Nuevo amor:* "Los que tenemos una mirada culpable y amarga"

■

Otro libro de 1933, *Nuevo amor.* "La poesía ha sido para mí [...] aquella introspección dolorosa o ebria de júbilo que abandonó los juegos de inteligencia de mis *XX poemas* para forjar, con la sangre y los huesos de mi pasión más pura, el breve y magnífico *Nuevo amor.*" Novo le declara a Carballo:

> En tanto que en los *XX poemas* no aparecen composiciones amorosas, ya que todas son extrovertidas y cerebrales, en *Nuevo amor* surge desbordada la poesía y los sentimientos alcanzan la madurez. Entraña al acorde –que no al acuerdo– de la vida con su expresión artística. Estos poemas son la experiencia fresca, mediata, directa de lo que están expresando: no son reconstrucciones de estados de ánimo ni de vivencias. Para mí eso es importante.

Los poemas de *Nuevo amor* corresponden a ese momento de la literatura en español, cuando el tono "confesional" trasciende los obstáculos a lo que hasta entonces se descalifica por su "inmoralidad". En la Generación del 27 en España, así escriben Luis Cernuda y Federico García Lorca. Anuncia Cernuda:

> Si el hombre pudiera decir lo que ama,
> Si el hombre pudiera levantar su amor por
>   el cielo
> Como una nube en la luz;
> Si como muros que se derrumban,
> Para saludar la verdad erguida en medio,
> Pudiera derrumbar su cuerpo, dejando sólo
>   la verdad de su amor,

La verdad de sí mismo,
Que no se llama gloria, fortuna o ambición,
Sino amoroso deseo.
Yo sería aquel que imaginaba;
Aquel que con su lengua, sus ojos y sus manos
Proclama ante los hombres la verdad
    ignorada
La verdad de su amor verdadero.

                (De "Si el hombre pudiera decir")

En la "Oda a Walt Whitman", García Lorca, con sagacidad lírica, justifica a los que se rehúsan a la vida heterosexual y eligen la infertilidad que no elimina la avidez:

Porque es justo que el hombre no busque su deleite
en la selva de sangre de la mañana próxima.
El cielo tiene playas donde evitar la vida
y hay cuerpos que no deben repetirse en la aurora.

En *The Tender Passion*, Peter Gay le adjudica a Oscar Wilde y sus amigos la pretensión de insertar las pasiones homosexuales en el canon literario. Treinta o cuarenta años más tarde, y de maneras diversas, en el ámbito de lengua hispánica lo mismo intentan Porfirio Barba Jacob, García Lorca, Cernuda, Novo, Villaurrutia, Emilio Ballagas, Pellicer. Con tal de proclamar "la verdad de su amor verdadero", Villaurrutia, en el "Nocturno de los ángeles", hace de la clandestinidad el enigma sólo descifrado en el acto sexual:

Se diría que las calles fluyen dulcemente en la noche.
Las luces no son tan vivas que logren desvelar el secreto,
El secreto que los hombres que van y vienen conocen,
Porque todos están en el secreto
Y nada se ganaría con partirlo en mil pedazos
Si, por el contrario, es tan dulce guardarlo
Y compartirlo sólo con la persona elegida.

                (En *Nostalgia de la muerte*)

Villaurrutia identifica a los ángeles con los marinos, símbolo gay internacional, presente en Cocteau, Hart Crane y Genet. Novo se enamora de la clase obrera y las fuerzas de seguridad, y Pellicer se afilia a la claridad melancólica:

> Sé de la noche esbelta y tan desnuda
> que nuestros cuerpos eran uno solo.
> Sé del silencio ante la gente oscura,
> de callar este amor que es de otro modo.

En *Nuevo amor*, la disidencia sexual explica el lenguaje (no tan) cifrado, las insistencias, la desolación, e incluso un hálito de falso y verdadero patetismo, el dolor de no haber evitado el "vacío interno" que no es sino la somatización del rechazo social, la confesión elevada al rango de expiación. Un "expulsado del paraíso" manifiesta los alcances poéticos de su heterodoxia, el personaje literario se desvanece y vienen a menos la vanidad, el gusto por la paradoja, la frivolidad, la ironía como el rostro que oculta a la máscara, o como la frase que hace las veces de disolución del melodrama que es la vida. Exhibirse es empresa lacerante a la que suaviza o disfraza la retórica, en su más generoso sentido. Novo intenta apresar su condición amorosa dejándole a la lucidez (oh inteligencia, soledad culpabilizada) las funciones salvíficas: "Ya no nos queda sino la breve luz de la conciencia / y tendernos al lado de los libros". Véase el poema definitorio, "Elegía":

> Los que tenemos unas manos que no nos pertenecen
> grotescas para la caricia, inútiles para el taller o la
> > azada
> largas y fláccidas como una flor privada de simiente,
> como un reptil que entrega su veneno,
> porque no tiene nada más que ofrecer...
> Los que tenemos una mirada culpable y amarga,
> por donde mira la Muerte no lograda del mundo...
> Los que hemos rodado por los siglos como una roca
> > desprendida del Génesis.

"Elegía" debe entenderse a la luz de los riesgos y las dificultades de la condición homosexual, y el acento de *Nuevo amor* transmite la desesperación, la atracción letal por el ser imprescindible, el amor que es la conciencia de la imposibilidad del amor, la transfiguración del desastre: "Al poema confío la pena de perderte" o "Tú, yo mismo, seco como un viento derrotado". La condición marginal es un fracaso previo, es la épica del incumplimiento, es la tristeza inabarcable de contemplar desde el resentimiento los días felices que jamás se han vivido.

Lo de menos es si eso se corresponde o no con la realidad biográfica. Novo acata una exigencia de la época: al no ser admisibles las relaciones amorosas entre "anormales", quien las aborde literariamente necesita consignar el despeñadero. Ya en marcha el espíritu desdichado, Novo expresa en los poemas lo que reprime socialmente: la emotividad y el erotismo específico, y también la inmersión en la desdicha. Como Baudelaire, podría decir: "Cuando haya conquistado el disgusto y el horror generalizado, habré conquistado la soledad". En esto es muy distinto a Pellicer, que sólo ocasionalmente habla desde la expulsión de todo paraíso:

Para aquellos que han pasado la vida mirando la dicha
de otros
y sin mirar sus harapos de soledad se han alegrado con la
ajena alegría;
para quienes han llorado con la inocencia del sol del
desierto
que no sabe que alumbra los esqueletos de las caravanas;
para aquellos que han gritado en las torres altísimas
de la media noche
sus soledades tan solas que casi nadie puede mirarlas,
recojo mi voz como el último sorbo de sed de mi vida
para decirles de la horrible belleza que el destino me envía.

Y Pellicer, en la desolación sin límites, va a fondo:

No sé por mi sangre qué crímenes corran y que hagan
                                    indigna mi suerte
de ser acompañado siquiera un instante por el
                                    fondo fatal que el destino
me había deparado...
                                    (De "Nocturno")

Como la línea de John Donne que Hart Crane repite:
"Make my dark poem, light and light". Aligera y aligera mi
poema oscuro, oh arte de la confesión que ya se propone
como revelación.

"AVERGÜÉNZATE, OH CUERPO"

A los treinta años de edad, vencido por las reglas del determinismo, Novo se considera viejo y al respecto hay numerosas
pruebas. Es fatídico: viejo es aquel ya nunca más objeto de la
apetencia, porque según las creencias en boga la pérdida del
atractivo físico inicia de algún modo la trayectoria póstuma.
También como Baudelaire, los gays de la primera mitad del
siglo XX podrían exclamar: "¡Oh, Señor, dame fuerzas y valor
para contemplar mi cuerpo sin disgusto!" Y en *Nuevo amor*,
para potenciarse, la memoria erótica exalta y transforma sus
circunstancias. Un coito homosexual es un hecho entre millones; en el poema, un coito homosexual es, pese a todo, un logro herético. Si lo más notorio del amor *otro* (la "evidencia del
crimen", diría Novo) es su aire quimérico, estos poemas des-
criben un sueño terminal. Sin las ventajas del matrimonio y la
descendencia, el personaje acepta la compensación (la estética del aislamiento) y la pérdida del último consuelo, el auto-
engaño:

> He de mojarlo en estas lágrimas
> de los ojos que ven sin esperanza
> que la vida da bellos frutos
> y van luego al espejo
> a contemplar una falsa sonrisa

> y un cuerpo torpe y sin gracia.
> (De "Poema interrumpido")

Los heterosexuales de la generación de Novo no tienen esos problemas. ¿Cómo podrían enfrentarlos si el patriarcado les niega a las mujeres el ejercicio del gusto, la facultad de discriminar "cuerpos torpes y sin gracia"? Novo, al fin y al cabo gay de su tiempo, acepta el convenio fáustico: dispondrá por unos años de la inmersión alucinada en la promiscuidad, y al cabo de los mil y un orgasmos le entregará su alma a la vejez súbita (en esta cultura, el poder de compra es la recuperación negociada de la juventud). El trato parece injusto pero no hay más.

Muy consciente de su obra, Novo ejerce la malevolencia (que no perdona el posible candor de los lectores), usa del despliegue analógico que evita el "tono desgarrado" y expiatorio, y enumera las vertientes de su poesía: "La circunstancia, el humorismo y la desolación". A tal recuento, esencialmente justo, lo beneficiarían algunos agregados: la recuperación de la mirada de la infancia, la fe en el amor como abstracción, el uso del plural como expresión de la tribu. Y hace falta mencionar la tristeza evocativa en el momento del goce:

> Junto a tu cuerpo totalmente entregado al mío
> junto a tus hombros tersos de que nacen las rutas
> de tu abrazo,
> de que nacen tu voz y tus miradas, clara y remotas,
> sentí de pronto el infinito vacío de su ausencia.

Desvaída, difuminada, la sexualidad persiste en el texto. Así Novo insiste en borrar la especificidad carnal, el coito y la atmósfera erótica son los trámites que el ideal amoroso puntualiza:

> Pero ese cuerpo tuyo es un dios extraño
> forjado en mis recuerdos, reflejo de mí mismo,

suave de mi tersura, grande por mis deseos,

máscara
estatua que he erigido a su memoria.

(De "Junto a tu cuerpo")

No cantes victoria todavía, Padre Jerónimo Ripalda. Entre
la desdicha de este proscrito y su vida cotidiana, se levanta el
acto poético que le infunde el hálito de tragedia a lo que,
desde fuera, se considera simple perversión. En *Nuevo amor*,
el impulso estético es un exorcismo literario y es la humani-
zación plena del proscrito.

"... Y HABLAR, HABLAR, EN VOZ MUY BAJA, PARA SÍ MISMO"

En distintas ocasiones, Carlos Pellicer me contó que, a punto
de publicar *Recinto*, el director del Fondo de Cultura Económica, Daniel Cosío Villegas, le recomendó eliminar poemas porque dañaban su reputación y perjudicarían a la casa
editora. Y si la nada confesional poesía de Pellicer se conside-
raba riesgosa, ¿qué decir de los poemas de Novo, que no consienten la superioridad moral del lector, ni ofrecen como dis-
culpa el agobio del autor? Novo se divide entre los poemas
por así decirlo "culpables" que cimentan su fama literaria, y
la producción satírica.

El poeta norteamericano Wallace Stevens escribe: "La
belleza dura un instante en la mente [...] pero en la carne es
inmortal". Novo es un creyente de esta paradoja, de la victoria del pesimismo sobre la emotividad, y de las sensaciones
sobre los ideales estéticos. Si el aforismo de Gide: "Lo más
profundo es la piel", es conocimiento inadmisible para una
cultura que hace de la piel (el cuerpo) una referencia casi
oculta, Novo va a fondo: en *Nuevo amor* la piel es el territorio
del ideal y el personaje poético es el ser ansioso de la plenitud que le niegan los prejuicios. A tal punto cree en el poder
de la poesía como esencia vital que, al reconsiderar treinta
años después *Nuevo amor*, le confiesa a Emmanuel Carballo:
"Cuando ya no valía la pena ejercitar este tema tal como aquí

lo practiqué –me volví viejo y horroroso– abandoné la poesía amorosa". E insiste: "Después de esos poemas ya no tenía para qué escribir otros".

Pero los escribe. Octavio Paz censura, entre elogios, al grupo de Contemporáneos porque nunca incluyen a la gente en sus poemas. Eso por lo menos no es exacto ni en el caso de Pellicer, ni en el de Novo, que además de la poesía de "las pequeñas cosas" y la confesional, intenta el retrato de sus "amistades ocasionales", y en *Poemas proletarios* (1934) le rinde homenaje paródico a la retórica oficial y en poemas-viñetas retrata a personajes del pueblo, un tanto a la manera de Edgar Lee Masters en *Spoon River Anthology*. Cruz el gañán, Gaspar el cadete, Roberto el subteniente y Bernardo el soldado son seres que, de seguro, Novo conoce de "primera mano", como entonces se dice, y a cuyas vidas grises y rutinarias las deshace la pobreza. El tono casual culmina en "fotografías líricas", y nada es dramático, ni siquiera la prisión o la muerte o el alcohol que transforma a las personas en bestias autoritarias.

Luego, en 1935, Novo publica *Never ever* y *Frida Kahlo*, asaltos vanguardistas sin la logradísima vehemencia anterior.

ESCUDO Y ARMA INNOBLE

En 1955, Novo formula su "Poética":

¿Pude yo ser poeta? De niño, y aún de joven, lo creí, lo soñé. Luego, la vida pervirtió mis dones y entorpeció mi sensibilidad. La poesía hacia los demás –la flor espontánea– dejó el sitio al fruto vano y amargo de la diaria prosa.

Fuga, realización en plenitud, canto de jubiloso amor, escudo y arma innoble; todo esto ha sido para mí la poesía. En ella, ahora que no me atrevo a abordarla, me refugio. Cuanto en ella tenía que expresar, ya lo he dicho. Y, sin embargo, como en mi viejo poema, "siento que la poesía no ha salido de mí". (En *Antología personal*, Lecturas Mexicanas, 1994)

Nuevo amor gira en torno de un absoluto, de una idea radical: la poesía preserva, y para siempre, la pasión. Esto se opone a una realidad que es un mito (y viceversa): para el gay, la relación correspondida simplemente no existe. Entonces, es tan vigoroso y ubicuo el estigma sobre la especie que se descarta la posibilidad de la relación emotiva con los iguales, y lo usual son las relaciones marcadas por las diferencias de clase, en un medio que no concibe la armonía que surge de la disparidad.

Que se sepa, Novo nunca tiene una relación plena, esto es, duradera y correspondida. Y esto necesariamente lo marca. La persona ajena a la dicha personal suele tener de inquilino silencioso o vociferante al destino trágico o patético. Y conviene aceptar la falta de reciprocidad amorosa, habituarse a ella, quitarle el filo exterminador y dejar que transcurra como sentencia a largo plazo. En esos años, quien considera cancelada su existencia afectiva, emite su dictamen: "Mi vida es un desastre". Tanto se ha minimizado al gay, y de tantas maneras, que la operación del prejuicio se convierte en ley de la intimidad. Sin embargo, en 1944 Novo publica una plaquette, *Dueño mío*, con cuatro sonetos, producto al parecer no de un recurso literario sino de una situación genuina. Pero desaparece la mitificación de *Nuevo amor*. A los cuarenta años, una mentalidad devota de la condición juvenil no toma demasiado en serio la entrega y el arrebato. Sólo uno de los sonetos se atiene a la mística amorosa, los restantes participan del sarcasmo que es un antídoto garantizado:

> Ya se acerca el invierno, dueño mío;
> estas noches solemnes y felices,
> se ponen coloradas las narices
> y se parten las manos con el frío.
>
> Ven a llenar mi corazón vacío
> harto de sinsabores y deslices
> en tanto que preparo las perdices,
> que pongo la sartén –y que las frío.

Deja tu mano encima de la mía;
dígame tu mirada milagrosa
si es verdad que te gusto –todavía.

Y hazme después la consabida cosa
mientras un Santa Claus de utilería
cava un invierno más en nuestra fosa.

QUE AL ESPEJO TE ASOMES, DERROTADO

Es doloroso hacerse de la libre expresión. En el juego de sustituciones que tanto obsesiona a Novo, un escritor apoltronado se imagina la poesía noble que pudo haber escrito, y al final la defrauda. Por eso, para extasiarse y reírse del éxtasis, los sonetos semiclandestinos de 1955 celebran no el deseo sino la muerte o el agotamiento de la posibilidad de instigarlo en otra persona:

Que al espejo te asomes, derrotado;
que veas tu piel, otrora acariciada,
escurrir por tu cuerpo deformado.
Que todo se acabó. Que la soñada
dicha... Que en un instante inesperado
esperas... que me lleve la chingada.

Una vez más, Novo se adelanta a la condena y la arroja contra sí mismo, convencido de la inmunidad que otorga el ser el primero en descalificarse. Ah, ser en una sola imagen San Sebastián y los arqueros paganos, el espejo cruel y la sátira de quienes todavía esperan algo del espejo, el cuerpo sin mérito alguno y el mérito de observar sin miramientos el cuerpo propio. Por eso, en sus sonetos "secretos", Novo elige un lenguaje suntuoso y el modelo por lo común es Sor Juana Inés de la Cruz, la cumbre canónica. Un idioma del Siglo de Oro y un impecable oído literario se ponen al servicio de las admisiones más terribles en el ámbito de la intimidad. Convencido de lo anterior, Novo jamás oculta realmente sus textos, así la censura vuelva forzosa una suerte de clandestinidad, los reparte mecanografiados y los hace circular en pequeñísimas ediciones, persuadido de sus valores literarios. En rigor, Novo defrauda a quien espera desgarramientos en voz baja y debe asimilar la desfachatez y la jactancia. A veces, con todo, finge arrepentimiento. En *Jalisco-Michoacán* reflexiona en voz alta:

Me voy con Enrique Díaz de León a Chapala [...] Por el camino conversamos. ¿Por qué la gente sólo conoce las cosas malas que yo hago? Me llena de tristeza que quiera que le diga sonetos, esos venenosos derrames a cuya producción me entregué hace tiempo y que inéditos como están y han de permanecer (mucho más ahora, que los he incinerado y que procuro olvidarlos), son, sin embargo, lo que la gente espera de mí, lo que más admira y le complace.

Ni los incinera ni los olvida, y en diversas ocasiones los entrega para su publicación. ¿Cómo no hacerlo? Para entender el mundo, entidad degradada y degradable, la ironía acude al Yo y a la ridiculización del Tú y el Ustedes. La desposesión moral deja de ser el lastre interminable si el Yo se divierte y, fascinado, el Ustedes se inhibe o se perturba. A pesar suyo, la ironía de Novo es un método ideologizado en donde coexisten la visión peyorativa (la culpa) y el orgullo de la heterodoxia (el desafío). Y él protege bajo el rubro de "Sátira" poemas que no son eso, sino desplantes del experto en desamor.

Vanidad y dandismo, no hay amistad o poema que valgan lo que una buena frase, una corriente artística es un estado de ánimo, el afán de asombrar se afirma en la burla a las propias convicciones. A Novo, la reducción a escala de pompas, insuficiencias y demasías, le ahorra la truculencia. Si la intimidad es lo que ocurre después de que uno ya dijo todo de sí mismo, y si en el autoescarnio se avizoran y confunden la muerte, la opinión ajena y el disgusto ante el espejo, Novo elige al aturdimiento de su realidad amatoria –sexo comprado, cuerpo muy pronto excluido de la competencia– para eludir sarcásticamente a sus perseguidores. Buen observador, se percata del placer del machismo: despojar a las víctimas de su humanidad, convertirlas en títeres lamentables, en presas obligadas. Con la cacería en torno suyo, Novo se lacera sin pena, se ríe dolorosamente, se ofrece sin defensas... y escapa del acoso. Lo llamado desde fuera "autodenigración" le humaniza y le pone a salvo. El riesgo es extremo, pero Novo no cree tener alternativas y no podría intentar otras medidas. Le son inaccesibles la mitificación de Cavafis (que exalta la memoria como la óptima morada del deseo), el lirismo en clave de W. H. Auden, las transfiguraciones líricas de García Lorca, la táctica de Jean Genet que convierte las humillaciones en actos rituales, el método de Villaurrutia que le asigna resonancias metafísicas al antojo, la idolatría de Cernuda por el cuerpo juvenil que se acrisola en la renuncia: "Mano de viejo mancha cuanto toca". Al anticipar insultos y representaciones afrentosas, Novo le confiere dimensiones victoriosas a su autodifamación.

En materia de política del Yo, se trata, a todas luces, del equilibrio entre la autocompasión y el arte de lacerarse. Léase a Wilde en *De Profundis*: "Me recuerdo sentado en el tribunal, en los días de mi último juicio, oyendo la terrible acusación de Lockwood contra mí [...] y recuerdo que, enfermo de horror al oírlo, de pronto se me ocurrió: *Qué espléndido sería, si fuera yo el que dice esto de mí mismo*".

IX. La crónica
■

Novo, un sedentario en lo fundamental, en cuatro volúmenes de intención un tanto decimonónica: *Return Ticket* (1928), *Jalisco-Michoacán* (1933), *Continente vacío. Viaje a Sudamérica* (1935), *Éste y otros viajes* (1951), se enfrenta con felicidad a las preguntas inevitables: ¿Qué hay de novedoso en un viaje turístico a Hawai, o qué hay de particular en una salida a Querétaro? ¿A quién le atañen las vicisitudes de los funcionarios y sus comitivas durante las giras de trabajo?... Desde siempre, o si se quiere desde *El viaje sentimental* de Lawrence Sterne, lo novedoso en esta materia es el refinamiento literario que convierte el desplazamiento físico en una aventura, y la aventura en un hecho literario singular. En el caso de Novo, bastan unos cuantos trazos, la mezcla de observaciones inteligentes con algo de color local y la sutileza prosística, para que el personaje efectúe los paseos a nombre de los lectores, seducidos por un escritor renuente a la Historia y la política, y que haría suyas las palabras de Herman Melville: "Por la misma razón que no existe más que un planeta en una determinada órbita, no puede haber más que un personaje original en cada obra de la imaginación; dos personajes entrarían en una relación caótica". Las crónicas, obra de la imaginación, son por ello mismo Novocéntricas.

Novo es el primer escritor mexicano enteramente dedicado en su obra al culto a la personalidad. (Díaz Mirón vive en la exaltación, pero sólo algunos de sus poemas le sirven de pedestal.) Compensación psicológica de un ser a fin de cuentas marginado, exigencia del Ego, estrategia narrativa, conversión de la vida propia en espectáculo, cualquiera que sea el origen de estos libros de viajero, el resultado es el monólogo dichoso de un personaje que habla de sí mismo sin detenerse. Esto es consecuencia del método de Novo: vivir para contar, contar para vivir, sin permitirse por lo demás el lujo de la discreción, porque la técnica es radical: no ocultar nada para que nadie algún día exhiba alguno de sus secretos. Ya en *Return Ticket*, Novo es tan franco como lo admite la época: "Ayer pasé la noche en el baño turco y no pude pensar en nada, porque me rindió la fatiga y no tuve tampoco sueños, porque ya no tenía deseos. Ahora, solo otra vez, tocan mis manos los lazos fugitivos de los recuerdos". ¿Se puede en 1928 ser más explícito: el baño turco, la fatiga que proviene del agotamiento de la gana, las manos que convocan la memoria de lo que tocaron?

En *Return Ticket* hay un gran episodio hilarante: la seducción fallida de Novo a cargo de dos australianas, las Cohen, la madre, atleta gastronómica a la hora del desayuno, el consomé, la comida, el té, la cena y los sándwiches de las diez de la noche (cinco raciones), y la hija, "una señorita muy fea". Para alejarlas, Novo se refugia en el mareo. Miss Cohen le dice a todo mundo que él es su *sweetie* "y la gente piensa que es una lástima". Una doctora en belleza interviene en ayuda del asediado: "Es obvio que no conozco el mundo. Ambos, ella y yo, necesitamos ayudarnos en este caso. Es necesario que yo aparezca duro y grosero ante Miss Cohen, que le dé el aire, que, a la noche, no baile con ella una sola pieza. Esto ante todo. De lo demás, ella se encarga". A la hora del asedio, Miss Cohen se prende de Novo. "Me irrita su perseverancia y decido averiguar qué es en resumen lo que quiere de mí, pero no puedo preguntárselo directamente." Sobreviene el desenlace:

–¿Qué le sucede?
–Nada.
–*You don't ask me to dance...*
–*I don't want to look funny.*
–*You don't talk to me...*
–¿Pero qué más quiere usted saber?
Basta. Casi sin despedirse se retira...

En *El joven*, un texto autobiográfico a sus 24 años, Novo concluye: "Lo que hice hoy –dijo el joven soltando sus zapatos– no tendrá ya objeto mañana. Hay cosas variables, que gustan siempre. Tengo sueño. Siempre me gustará dormir. Pero mañana se habrá muerto alguien. Hay estadísticas como leyes –no leyes mexicanas– que se cumplen siempre. Yo puedo ser alguien y morirme. ¿Qué es un siglo para San Pedro? Sería divertido que yo resultara objeto de investigaciones. Se me acusa de ser muy alto. ¿Y por qué no habían de equivocarse los eruditos?" Y líneas antes ha dicho: "Siguió caminando. Todo lo conocía. Sólo que su ciudad era un libro abierto por segunda vez, en el que reparaba hoy más, en el que no se había fijado mucho antes. Leía con avidez cuanto encontraba. ¡Su ciudad! Estrechábala contra su corazón. Sonreía a sus cúpulas y prestaba atención a todo".

El joven mantiene aún hoy y con solidez la multiplicidad de puntos de vista, el virtuosismo de la unidad en la dispersión, la exactitud definitoria, la vehemencia de la modernidad, el ritmo extenuante y divertido:

Tampoco existía antes de 1900 ese tipo ágil que constituyen los choferes. Más lejos en las diligencias y en los coches genéricamente de caballos, los amigos eran serios, un poco viejos, o gordos o secos, pero siempre con algo de daguerrotipo y de incómoda silla real. Deben de haber olido a la paja que estornudaban sus caballos; eran respetuosos y leales. Sus esposas y sus hijos eran amantes con ellos. Pero las máquinas, este argumento de los socialistas, han relegado a deplorable lugar la domesticidad de los que conducen nuestras almas como si las llevara el diablo.

En 1925, en los *Ensayos*, artículos en la tradición inglesa de *The Spectator* y Charles Lamb y sus *Essays of Elia*, Novo recopila textos al amparo de lo (para él) muy evidente: convenientemente tratado, cualquier tema importa y tiene sentido ocuparse de los anteojos, el baño, las camas, el radio, las barbas, la leche, el divorcio, las ventajas de no estar a la moda. Los modernistas latinoamericanos también trasladan al periodismo una certeza: el estilo (la elegancia, el humor, la distancia frente a la angustia periodística) lo es o lo justifica todo, pero, a diferencia de Gutiérrez Nájera o de Nervo, Novo no intenta la forja de joyas prosódicas a las que sólo la lectura en voz alta les hace justicia. A él –que se precia de nunca corregir sus textos– la prosa no le resulta un "objeto de orfebrería", sino el resultado de la rapidez asociativa, de la complejidad de la estructura, del impulso barroco que levanta sus construcciones a manera de retablos fílmicos. A ensayos breves y artículos renovadores, se les imprime un ritmo (una intensidad) ya no fruto de la poesía o del "logro acústico" tradicional, sino del acopio de información, erudición, inteligencia, calidad prosística, visión poética, cultura amplia y observaciones de vida cotidiana regidas por el desmesurado amor al presente.

Siglo de Oro y las crónicas de *The New Yorker*, Quevedo y la nueva poesía anglosajona. El centro del ars combinatoria es la ironía, que solicita del lector su aporte de mala fe, entre poderes aforísticos nutridos en los clásicos Wilde y Bernard Shaw. Hoy tal vez sea difícil de entender la rápida aceptación de Novo en el periodismo, y uno imagina las dificultades de lectura de este conceptismo, de esta elocuencia laberíntica. En abono de lectores tan antiguos, conviene recordar el nivel de aquella prensa, que intenta compensar su falta de información y su aislamiento con lecciones de idioma. *Escribir bien* todavía en 1940 es la consigna imperiosa, y así resulten ilegibles muchos de aquellos artículos hispanizantes y divierta a contracorriente el diluvio de palabras domingueras (el diccionario como torre de Babel), lo cierto es que, tal vez por el mayor tiempo disponible, hay entonces un público relativamente amplio para la escritura de calidad.

Novo, eminentemente moderno, es también arcaico, y en la mezcla –el conjunto de *gimmics* o astucias prosísticas– reside su poder de seducción. *Miré los muros de la patria mía, cubiertos todo de graffiti obsceno,* hubiese dicho. El texto no le da cuartel al lector, va y viene, se enreda, explora, hiere, elogia, corta de tajo..., y el personaje que podría extraviarse en la selva de adjetivos e ingeniosidades, llega puntual a la meta.

"SER LEÍDO POR TODO EL MUNDO"

Autocrítica, conocimiento de sí mismo, dones de vidente, vanidad, gusto por el máximo placer a su alcance: vivir, pensar y escribir como a uno le viene en gana. En 1925, Novo, al hablar del precursor José Joaquín Fernández de Lizardi, es profético respecto a sí mismo: "¿Es posible en nuestro tiempo, en México, vivir de escribir? Cuando se logra, se vive mal, y pronto las filigranas del estilo se van por tierra para descubrir la natural actitud diaria del espíritu. Entonces cae sobre el escritor que se ha vulgarizado, algún nombre despectivo. No se le citará más en los libros; pero él habrá logrado, por una parte, ser leído por todo el mundo y por otra vivir, en un país en que se queda el libro y se agotan los periódicos".

Si un escritor juzga evidente el desgaste de su talento, ¿por qué se empecina? Quizá por una certidumbre: la posteridad –o esa sólida representación de la posteridad que es un lector inteligente, culto, con sentido del humor, digamos, un lector exactamente igual a Salvador Novo– rescatará su prosa magnífica del vertedero de la prensa. Sólo en los últimos años se debilita la fe sardónica en el talento que vence lo que le rodea, y él supone que no hay tal cosa como la perla en el muladar.

"Ya en 1922 –acepta Novo años después– estaba yo maduro para empleos. Podría dar clases, podría hacer traducciones." Él todo lo intenta y en "este cotejo del valor propio con el éxito ajeno que engendra místicos" se decide por el periodismo, muy en especial por las crónicas del escritor en la sociedad burguesa. Gracias al periodismo, el personaje Novo se instaura. Y su público difunde la leyenda. Novo le explica a Carballo su proceso:

La gimnasia que entraña escribir a tantos rounds con límite de tiempo en los periódicos mientras aspira a convertir a quien la practica en un atleta, puede también con facilidad conducir a la acrobacia. Mi estilo se hizo claro y ágil; pero diferí, engreído en el columpio, el acometer la empresa más ardua de una obra menos efímera. Si ello era malo para mí, resultó en cambio bueno para las revistas y periódicos en que colaboraba. Mi ejemplo fue seguido y el nivel de las columnas se elevó considerablemente. No desconozco el hecho de que antes de mí, y después, los escritores hayan compartido la elaboración lenta, oculta y heroica de su verdadera obra, con el periodismo: la maternidad clandestina con la prostitución pública. Simplemente confieso, relativamente arrepentido, que a mí me arrastró la prostitución, circunstancia de la que me consuela la esperanza de haberla un poco ennoblecido.

DEL VIAJERO QUE NO SE DIO TIEMPO PARA EL TURISMO

André Gide lo dictaminó: "No hay que exponer nunca *ideas*, a no ser bajo la forma de temperamentos y caracteres". Novo elige, en crónicas y ensayos, un temperamento, el suyo propio, y una suma de caracteres, los del Establishment de la época, los ministros, los grandes publicistas, los empresarios, los restauranteros, los médicos eminentes, los intelectuales, los políticos, los artistas. A los bosquejos de novela dispersos en sus crónicas, se añaden ráfagas de erudición, y sobre todo, piezas de bravura, exhibiciones de la técnica que usa simultáneamente recursos del siglo XVI y estructuras de las crónicas norteamericanas, más un lenguaje propio manejado en distintos niveles.

Nunca hablar de uno mismo, aseguró Nietzsche, es una refinada forma de hipocresía. Lejos de Novo tal iniquidad. Si abandera la modernidad es porque el Yo no solamente no es odioso, es también fascinante. Y la estratagema para ocupar siempre el centro del escenario es narrar lo que le sucede a un personaje poseedor de una curiosidad incansable.

En *Jalisco-Michoacán*, Novo recorre en doce días cerca de veinte ciudades y pueblos. Acompaña al ministro de Educación Pública Narciso Bassols a una gira por las escuelas rurales. Bassols es austero, le tiene un odio jurado al sibaritismo y es exhaustivo en el cumplimiento de su deber; Novo, "fardo urbano", se da tiempo con todo para abordar el tema educativo y criticar a la escuela tradicionalista, que oprime a las jovencitas y sólo les deja abierto el camino del matrimonio. Es el tiempo de los radicalismos, y es posible hallar en *Jalisco-Michoacán* expresiones casi anarquistas: "De ahí que todos los padres de los pueblos constriñan a sus hijos en la complicidad de la escuela, a alcanzar el *estándar* de la 'decencia' que automáticamente les granjeará el concepto de 'buena familia'".

Las crónicas son costumbristas y exhiben la facilidad con que las sociedades "descentradas" se adaptan a las cargas ideológicas. El retrato que se va trazando es el de la provincia rezagada, que la Revolución jamás vivifica de modo suficiente. Hay allí autosatisfacción, pobreza honrada, quejas de la burocracia, violencia que se pretende ocultar, cursilería, erudición que suele ser callejón sin salida. Al revisar la provincia, la salida que ofrece Novo es la alabanza de los aportes del sistema educativo:

La mano ruda de la Revolución desnudó a los hombres, destruyó los espejos y las lámparas de las salas, hizo fogatas con las puertas talladas y restituyó a los comestibles custodiados en las alacenas su valor nutritivo, a los roperos repletos de sarapes su utilidad, por medio del saqueo. Algún impulso definitivo, alguna fuerza totalmente transformada faltó a aquel movimiento para vencer todas las resistencias que un hábito prolongado había creado en la vida de México, capital y provincias. Pero si de las familias no podía esperarse un renacimiento que impedían, pasivamente, la inercia, y de modo activo la iglesia, había derecho a suponer que la escuela, institución pública, fuera el agente transformador del gobierno, encargado de moldear a la nueva generación en la nueva atmósfera y a tono con aquella felicidad en el trabajo porque se había luchado.

No fue así, argumenta Novo, por razones de confianza equivocada, por relegar las soluciones factibles entregándole la operación educativa a la burocracia: "Y parece que por lo que toca a la carroza de la educación, el nuevo gobierno no sólo la dejó seguir el mismo camino, uncida a los mañosos caballos de una ciencia apolillada muy siglo XIX, sino que permitió que sus riendas siguieran en manos de los *robots* pedagógicos que en número infinito había producido año con año la Escuela Normal".

En *Jalisco-Michoacán* ya interviene el Novo que detesta el radicalismo y, sin ofrecer soluciones ni adherirse a ninguna de las fórmulas del conservadurismo militante, localiza los errores, las incongruencias y los desastres lógicos de la política oficial de izquierda. Le asista la razón que le asista, es, según creo, el crítico más agudo de la izquierda mexicana en el período 1930-1940.

"PERO ZI TÚ ERE MUNDIÁ! –ME DECÍA–. ¡Y YO SABÍA
QUE TENDRÍA QUE CONOZERTE!"

En *Continente vacío*, Novo repite la consigna de José Enrique Rodó: "Reformarse es vivir. Viajar es reformarse", algo de lo que muy pronto desistirá. Antes de hacerlo, y de sus temporadas breves en Estados Unidos, Londres y París, emprende un complicado viaje de tres meses en Sudamérica. Tal vez, desde la perspectiva de la experiencia, la gran lección de este paso sea la proclamación del arraigo, de un nacionalismo imprevisible en un cosmopolita. Con todo, el caso de Novo no es tan especial. En ese momento, para demasiados escritores mexicanos el mundo no es tan ancho ni tan apropiable. Como sea, Novo va al extremo. Escribe en el barco:

Pertenecemos, en verdad, a un solo y mínimo pedazo de la tierra. Fuimos en él sembrados; ahí echamos raíces y hemos de florecer y morir de algún modo, por más que el viento arrastre nuestro polen. Cuanto es viajar, ir a otros países, nos diluye y nos debilita, y ya luego no servimos para nada, algunos porque se han adaptado a los medios extraños, otros porque al volver a su tierra ya los desconoce y rechaza. Yo quiero a México hoy como no lo ha querido nadie nunca antes –de un modo total–, apasionado y físico que me hace desear con amargura el abrazo de su tierra misma, el azote de su viento en mi rostro, su sol en mi carne y no otro.

El párrafo es tan desproporcionado que llama la atención. ¿De dónde viene este amor que avasalla, si la Revolución ha golpeado a este amoroso en su familia, si el machismo lo hostiga y convierte en rey de burlas, si detesta el radicalismo que acrecienta los defectos nacionalistas? En diversas etapas, Novo insistirá en su fe nacionalista o incluso chovinista, será antiyanqui, detestará a grupos extranjeros, y todo por un impreciso amor a México y los mexicanos. La actitud es incomprensible a menos que se tome en cuenta la necesidad de muchísimos seres marginales, que no se quieren ver "expulsados de su Patria". Se les arroja de la comunidad, se les enreda en situaciones afrentosas; por lo menos, ésta sería la moraleja, que no los despojen de su pasado probable y su porvenir inverosímil, que no los arrojen de la Patria a la que inexplicable y explicablemente idolatran.

En *Continente vacío*, Novo hace gala de su erudición poética y de sus dones descriptivos. Va a Río de Janeiro, a Santos, a Montevideo, a Buenos Aires. Oye tangos, se reencuentra con Henríquez Ureña, evoca el rigor que con él no aprendió y una vez más emprende la autoflagelación. Henríquez Ureña sigue igual, está, si acaso, más apuesto; Novo sí es otro.

Yo sí debo estar cambiado. Aquel adolescente alto, magro, lánguido, a quien [PHU] quiso, como primera disciplina, enseñar a marchar vigorosamente, ha seguido, como el *Marco Polo* de O'Neill, en su medida, el deplorable camino

El joven Salvador Novo.

Fotografiado por Manuel Álvarez Bravo, años treinta.

© Héctor García

El regente de la ciudad, Alfonso Corona del Rosal, impone su nombre a la calle donde vive el Cronista de la Ciudad, con la presencia de su madre y de Dolores del Río y María Félix, Coyoacán, marzo de 1968.

de un barato tráfico con su inteligencia que lo ha mimetizado a un ambiente en que la prosperidad inmedita engorda y embrutece.

El clímax del libro ocurre al conocer su autor a García Lorca, que presenta *La zapatera prodigiosa*. Novo asiste al estreno y observa a los escritores: Oliverio Girondo, Pablo Neruda, Ricardo E. Molinari. Luego, se produce la reunión con Lorca, que lo festeja:

–Pero zi tú ere mundiá! –me decía–. ¡Y yo sabía que tendría que conozerte! En España y en Nueva Yó, y en La Habana y toa parte me han contao anécdota tuyaz y conozco tu lengua rallada pa hazé soneto! –Y luego poniéndome serio–: Pa mí, la amista e ya pa siempre; e cosa sagrá; ¡paze lo que paze, tú y yo seremos amigos pa toa la vía!

En *Continente vacío* Novo narra con deleite inocultable su diálogo con García Lorca, el encanto o el duende del poeta que canta "La Adelita" y le interroga sobre Antonieta Rivas Mercado: "¡Y con qué legítima furia me preguntabas si era cierto que Vasconcelos tuvo la culpa de su suicidio! –Dímelo, dímelo; si es azí yo le digo horrore a ese viejo!" Luego, según me refirió Novo en dos o tres ocasiones, él y García Lorca salen "a procurarse marineros", identificándose al máximo en sus predilecciones. En 1934 Novo publica *Romance de Angelillo y Adela*, dedicado a Federico García Lorca. Adela, la de "la abrupta serranía", es obviamente Novo, y Lorca es Angelillo, en un texto que es una parodia muy alegre de *Romancero Gitano*:

> Porque la Virgen lo quiso,
> Adela y Ángel se encuentran
> en una ciudad de plata
> para sus almas desiertas.
> Porque la Virgen dispuso
> que se juntaran sus penas

para que de nuevo el mundo
entre sus bocas naciera,
palabra de malagueño
–canción de mujer morena–,
torso grácil, muslos blancos
–boca de sangre sedienta.

LA RRRRRREVOLUCIÓN. LOS AÑOS DEL GENERAL LÁZARO CÁRDENAS

En la década de 1930, Novo, como casi todos, se radicaliza, y muy en contra del régimen del Partido Nacional Revolucionario. Es inevitable. Ante el PNR no existen alternativas y, también, su política le fastidia, le "choca", para emplear una expresión suya. En su columna "La semana pasada", que publica la revista *Hoy*, la confrontación es muy aguda, y para captar sus dimensiones conviene recordar la función de las columnas en el periodismo de entonces. Género admonitorio y propagandístico, la columna es la visión panorámica que los lectores aguardan con mayor apremio, y "La semana pasada" es, además, notable: extraordinariamente bien escrita y documentada, muy ácida, contiene retratos de políticos, recuentos de actividades presidenciales y noticias de relieve. Auxiliado por un equipo de reporteros jóvenes y ambiciosos (Carlos Denegri, Alfredo Kawage Ramia), Novo se vuelve el crítico más eficaz del régimen de Lázaro Cárdenas (1934-1940), gracias a la capacidad de síntesis, la ironía y el vértigo narrativo.

La influencia notoria de "La semana pasada" son las colaboraciones de Janet Flanner (*Genet*), para *The New Yorker*, crónicas de la política, la moda cultural y la vida cotidiana en Europa, novelizadas o transformadas en fábulas modernas. En los textos de Novo una lógica implacable guía la velocidad de la prosa y el tono de objetividad jocosa. Y una prueba del éxito de "La semana pasada" la proporciona el ex abrupto de Xavier Icaza, "quinto miembro de la Cuarta Sala de la Suprema Corte de Justicia [...] idealista, poeta, aristocráticamente proletarizante, denunciador de fascistas y exabogado de la Compañía de Petróleo El Águila". Icaza se enfurece porque los abogados de las compañías petroleras descalifican su objetividad de magistrado debido a su amistad íntima con Vicente Lombardo Toledano, líder de la CTM y uno de los puntales en la exigencia de la expropiación del petróleo. Y luego, menciona Novo en "La semana pasada" del 12 de marzo de 1938, Icaza pasa de la ira a la delación al identificar a toda la revista con la orientación sexual de un colaborador: "y, ¡qué pruebas presentan! ¡Una fotografía que publicara la revista *Hoy*! ¡Vaya testigo de excepción! ¡El órgano más caracterizado del *invertido* fascismo mexicano, de nuestro fascismo criollo!" Icaza no necesita mencionarlo: Novo es la justificación del término *invertido* aplicado al enemigo periodístico del cardenismo. El machismo es desmesurado.

¿Cómo se sitúa Novo frente al régimen de Lázaro Cárdenas? Como un *outsider* fastidiado y muy crítico, apegado a las noticias que en el transcurso de la crónica se convierten en episodios históricos. Los textos de *La vida en México en el período presidencial de Lázaro Cárdenas* pertenecen a la mejor prosa de tema político en el México del siglo XX, y esto no obstante el conservadurismo de su autor. Con rapidez, Novo sitúa los puntos débiles del régimen (la demagogia que es su idioma de masas, la burocratización, el sectarismo) y, así menosprecie o no entienda los grandes méritos de Cárdenas y el cardenismo, se las arregla para ser muy eficaz. Véase la crónica del 24 de junio de 1939:

Los pensadores mexicanos están de acuerdo en que el problema fundamental de la RRRRRRevolución está en el campo de donde viene –en huacales, en forma de pollos; en tompiates, en forma de huevos y quesos; en sacos, convertida en frijol y en maíz y trigo, la comida que después los restaurantes ofrecerán en sus menús, o las criadas sindicalizadas quemarán en la olla. Los pensadores mexicanos han llamado a éste el "problema agrario" y han expedido diversas leyes para resolverlo –leyes campanudas cuya virtud se disuelve en discursos, editoriales, artículos, proclamas. El problema parece en realidad tan agudo, que el presidente Cárdenas pasa largos meses empapándose en él, y en su tren o a caballo, realiza desesperados esfuerzos por sustraerse de la muralla de políticos que no lo dejan ver el bosque del campo con la pureza de visión que él quisiera. Durante estos viajes, el Presidente debe esparcir su mirada por enormes horizontes despoblados, yermos, estériles, en que apenas de vez en cuando alguna torre o campanario vetusto congrega un puñado de miserables jacales dentro de los que un puñado de indios vegeta mal nutrido...

Hay dos protagonistas de estas crónicas, el presidente Cárdenas, observado con respeto inmisericorde, o como se le diga a la crítica incesante pero nunca desbordada, y Vicente Lombardo Toledano, el dirigente obrero:

V. L.T. Es un orador, claro, preciso, convincente, sin latiguillos. Sabe usar eficazmente de recursos escalonados de emoción, patriotismo, compasión, ambición –golpes bajos, cortos, *jabs*, *swings*, *uppercuts*, uno dos–, e ir hipnotizando gradualmente a su auditorio, un auditorio del que es, por añadidura, favorito en todas las peleas. En la enumeración de calamidades petrolíferas no desdeñó el sobado patetismo de los indios despojados de sus tierras, el irritante recuerdo de las fantásticas guardias blancas, la memoria de los funcionarios de toda laya sobornados por las empresas –hace ya mucho tiempo. (12 de marzo de 1938)

Si hay dos acontecimientos definitorios en esos años son la Expropiación Petrolera y la Guerra Civil Española. Novo, reacio a los compromisos emotivos y ya especializado en ver en la política sólo la mojiganga costosa, no admite la existencia de propósitos nobles o fines comunitarios. Todo es farsa, engaño, torpeza, humor involuntario. La Historia propiamente dicha no lo conmueve en lo mínimo. Está decidido: a él no lo atrapan el nacionalismo, ni la demagogia. En *Poemas proletarios* lo afirma: "Revolución, Revolución / siguen los héroes vestidos de marionetas", y se mofa de la pretensión de crear conciencia en los irredentos por irredimibles:

Los folletos de propaganda revolucionaria,
el Gobierno al servicio del proletariado,
los intelectuales al servicio del Gobierno
los radios al servicio de los intelectuales proletarios
al servicio del Gobierno de la Revolución
para repetir incesantemente sus postulados
hasta que se graben en las mentes de los proletarios
–de los proletarios que tengan radio y los escuchen.
Crece el tiempo en silencio
hojas de hierba, polvo de las tumbas
que agita apenas la palabra.

El mensaje subyacente no ofrece dudas: el cristianismo tiene razón y nada cambia porque la naturaleza humana, inmodificable, es mezquina y es cruel. Novo se considera un hombre civilizado, creyente en el equilibrio entre el orden y la justicia, y ve en la Revolución el desorden que no amerita el sacrificio. ¿A cuenta de qué? Es más conveniente el repaso sarcástico:

Cuando los pacientes radioescuchas de la ciudad se deleitaban, tranquila y pacientemente, oyendo sus canciones favoritas, tendidos algunos sobre su insustituible y propia cama, otros quizás en pantuflas y algunos más tal vez en posturas inconvenientes, el memorable 18 de marzo, quedaron sorprendidos ante el anuncio de que en breves instantes todas las estaciones difusoras de la República se encadenarían, con el objeto de escuchar el mensaje del Presidente. Cerca de cuarenta minutos se oyó la voz de mando del general Cárdenas y a decir verdad, si en vez de leer sus mensajes los declamara, produciría efectos extraordinarios. (2 de abril de 1938)

No le pidan que se comprometa, que los tome en serio, que se afilie al patriotismo. Eso lo hará Novo al institucionalizarse en los gobiernos siguientes. Durante el cardenismo, opta por la desacralización de lo todavía no sacralizado, y por rehusarse a ver la hazaña de la Nación. Así, comenta el gran manifiesto en apoyo de las medidas expropiatorias:

El 23 de marzo los mexicanos quedaron divididos dicotómicamente en dos grupos: los manifestantes y los casistas, según que se considere que unos salieron a la calle a manifestar su apoyo al más grande Presidente de México y otros permanecieron en sus casas, encerrados, atentos al radio, pero contando uno por uno sus pesos de plata. Para ser justos, hay que decir que no todos los casistas –aunque sí la mayoría– refunfuñaban sobando sus pesos; hubo algunos que fueron detenidos por la gripe primaveral, tendidos sobre sus camas y con las orejas pegadas a sus radios. (2 de abril de 1938)

La antipatía hacia Cárdenas se mantiene, la llegada de los refugiados españoles no le simpatiza, alaba el asilo a Trotsky ("una ballena en el lago de Chapultepec") y, elocuente, anota: Cárdenas "se dio con fruición a la tarea sexenal de derribar los estucos afrancesados, y ya no le alcanzó el tiempo ni el dinero para erigir un Kremlin". En síntesis, el proyecto épico del sexenio le aburre o le irrita profundamente al cronista. Su temperamento y su condición estigmatizada lo llevan a desdeñar un régimen por diversos motivos excepcional. Sostengo una hipótesis: Novo interpreta muy literalmente o sin matices la frase de Gide: "¿Qué es la moral? *Una dependencia de la estética*", y al traducir esa certeza, y convencerse de lo que para él es obvio: la calidad de la escritura es una gran plataforma moral, Novo eleva sus impresiones del cardenismo al orden de los juicios apodícticos sustentados en la ironía.

No todo ni mucho menos es política. A la leyenda urbana en que Novo se convierte le hacen falta el espectáculo y lo que supongan alrededor de sus aficiones. Por convicción escénica y búsqueda sexual, Novo elige la lucha libre, entonces el principio de lo que se llamará "Época de Oro", con sus héroes y villanos "desnudos de ropa como de situaciones preliminares y de personajes secundarios". Novo conoce a los luchadores, los frecuenta, los traslada de arena en arena, le regocijan sus proezas aéreas y gestuales, usa de la primera fila para emocionarse y seleccionar, y es cronista experto:

> Iniciado el encuentro, las reglas del honor se hallan ausentes –como en la vida real, como en su reflejo cinematográfico– de los empellones, las llaves, los topes, los sentones que se propinan aquellos dos caballeros dentro de las cuerdas que no son tampoco el límite de su actividad, ya que suelen atravesarlas lanzados como flechas cuando el otro da un pase a su embestida, y van a caer a los pies de los asombrados espectadores de la primera fila. (9 de marzo de 1940)

También, a momentos, la persecución es intolerable y Novo les confiesa a sus amigos las sensaciones de asfixia y acorralamiento. A Federico García Lorca le escribe el 3 de enero de 1935:

Querido Federico:
La vida en México se ha vuelto insoportable para mí. Es indispensable e inaplazable que me marche –y tengo miedo de la dura lucha en los Estados Unidos. Mi deseo de ir a España se agrava y me obsesiona. ¿Crees tú que podría ganarme allá la vida, una mediana vida? Puedo dirigir ediciones, traducir libros, enseñar inglés –en último caso escribir en los diarios o corregir pruebas en una imprenta. No sé realmente qué puedo hacer, pero alguna aptitud

tendré. No puedo vivir más en México y ningún país me atrae, como ese mío. (En James Valender. "Cartas de Novo a García Lorca", *Cuadernos Hispanoamericanos*, febrero de 1996)

Según Villaurrutia, Novo le escribe en 1935 a Rodolfo Usigli una carta en que habla "del retorno al overol con la misma fantasía con que una duquesa hablaba del regreso a la naturaleza". Pero la crisis es pasajera. El 29 de octubre de 1935 Villaurrutia le comenta desde New Haven: "Ya veo, querido Salvador, que llevas el camino de Gertrude Stein y que pronto pagarán tus monosílabos a precio de oro". Y el ingreso a la publicidad en la empresa de Augusto Elías lo enfila a la prosperidad.

X. Letras, virtudes, variedad de cocteles
(Los años del presidente Manuel Ávila Camacho)
■

> Nunca viajo sin un Diario. Uno debe tener siempre algo sensa-
> cional para leer en el tren.
> La Honorable Gwendolyn Fairfax a Miss Cecily Cardew.
> *La importancia de llamarse Ernesto,* de Oscar Wilde

En *The Naked Heart,* uno de los volúmenes de su extraordinaria serie *The Education of the Senses,* Peter Gay explica: "La obsesión romántica con el Yo es un afrodisíaco mental; mucho
antes de que Wilde observara que amarse a uno mismo es el
principio del romance de toda una vida, los románticos
demostraron que el regreso al mundo hechizado empieza con
frecuencia en el encantamiento ante el espejo". Al dejar la
Presidencia el general Lázaro Cárdenas, Novo abandona la
confrontación política, ya innecesaria, y se restituye (uno de
sus verbos favoritos) a la apoteosis del Yo, en crónicas muy
personales o muy sociales como se prefiera. Para verter las
nuevas experiencias, elige el género del "Diario" (en el semanario *Hoy*), y su equivalente, "Cartas a un amigo" (en el semanario *Mañana*). Cada vez más al tanto de los beneficios de
la respetabilidad, opta por falsas y verdaderas "confesiones", y
adquiere un público: el que acepta el desenvolvimiento y el
tedio de una capa dirigente como sus propios progreso y alborozo. No de otra manera se explica que haya lectores para efu-
siones como la siguiente:

Hubo un *flash de Latin temperament* cuando Margarita Urueta me pidió que la acompañase a la inauguración del "Petit
Theatre Français" y Carito, que la escuchó, me recordó
que teníamos compromiso de jugar esa noche *chez* Anita y
Alberto Misrachi. Carito y Raoul habían resuelto, desde el
domingo, preferir el bridge al teatro de aficionados. Pero

121

Margarita está sola. Mi deber era acompañarla. Me excusé con Alberto, le prometí que si la función terminaba temprano, iríamos Margarita y yo después del teatro. (22 de octubre de 1943)

¿Quién de los lectores está al tanto del *cast*: Margarita Urueta es la esposa del economista Eduardo Villaseñor, secretario de Hacienda del presidente Cárdenas, Carito es Carolina Amor, y Raoul es su esposo, el médico Raoul Fournier, y Alberto Misrachi es el dueño de la galería de arte más importante? Da igual el número de enterados porque el lector tenderá a sentirse dentro de los "secretos de la élite" y, al cerciorarse del ritmo del ocio, aumentará su afán de pertenecer. En el mejor nivel posible, lo que se "vende" es la sensación de exclusividad. Así se vive en la cúspide y es tuyo el acercamiento si pagas el precio de una lectura en clave de cómo la pasan los de arriba.

Novela social. Si algo le divierte a Novo es la idea del talento malgastado. En él son importantes tal certidumbre y el placer malévolo que la acompaña. En 1943 se encuentra con Salomón de la Selva: "Salomón me advierte que Pedro me regañará cuando llegue; que censurará que ejercite mi aptitud para cazar leones en cazar moscas". ¡Qué fantástico! Ser lo que no estaba previsto. Tener el talento suficiente para celebrar el fracaso. Hay que permitirse decir, recapitulando: "la vida pervirtió mis dones y entorpeció mi sensibilidad". Y en esa zona donde la autodestrucción y la autocompasión son, básicamente, técnicas literarias, Novo se acusa, y en poema de 1943 festeja el incumplimiento de los dones:

> Hace ya 21 años, prometía;
> retrataban mis manos y mi cara;
> no hubo cuestión en la que no opinara,
> libro que no dijera que leía.
> Era el hombre, dijéramos, del día;
> y mientras mi talento madurara,
> me rodeaba una leyenda rara

que mayores prestigios me rendía.
21 años después, ya no prometo;
no me retratan ya; nadie se ufana
de mi cariño, ni de mi respeto.
La nuez temprana sale siempre vana,
y dejo de escribir este soneto
–¿por los "perifonemas" de mañana?–

Como Mies van der Rohe, Novo podría exclamar: "Dios está en el detalle". A la distancia, las crónicas de Novo resultan indispensables, no tanto para el entendimiento de una época (su parcialidad lo impide), sino por lo que revelan tanto de la autocomplacencia burguesa traducida por un refinamiento prosístico ya no inmerso en la polémica, como del debut de las nuevas aspiraciones de clases medias. En los albores de la modernidad a ultranza, un elitismo atrasado y pomposo ornamenta el Estado y la Sociedad. A los palurdos que se ríen de los exquisitos, los reemplazan funcionarios atraídos por los roces de la cultura, de pronto un tema indispensable en las residencias. Al multiplicarse, los *happy few* se diluyen o ven vulgarizarse su felicidad minoritaria. Y disponen de un observador magnífico que es también actor en las transformaciones.

Al atenuarse las presiones sociales, Novo se ocupa de domesticar a quienes lo habían proscrito. Con amplia injusticia, describe su proceso:

Llevo una especie de veinte años de escribir para el público. Primero, era el poeta joven que prometía mucho. Luego, seguía prometiendo. Después, se descubrió mi capacidad, tanto de trabajo cuanto de mordacidad, y poco a poco, fui comercializando mis aptitudes, como un pulpo que extiende sus tentáculos. El colmo fue vaciar en una columna cotidiana hasta los *cracks* que corrientemente me ocurren en la conversación. Era como cobrar hasta por reírme, si no hubiera acabado por ser hasta reírme por cobrar. (En *Hoy*, septiembre de 1943)

En 1945, Salvador Novo concluye las ciento y tantas cuartillas de su autobiografía, *La estatua de sal,* de título animado por un doble simbolismo: el mirar hacia atrás como la más costosa de las desobediencias (la curiosidad), y la pertenencia a la aborrecible Sodoma. Recuérdese el episodio (*Génesis 19*): los habitantes de las ciudades de la llanura asedian a dos ángeles enviados por Jehová. Al ver tal hostigamiento, el Señor decide la destrucción, y le avisa a Lot: "Escapa por tu vida; no mires tras ti, ni pares en toda esta llanura; escapa al monte, no sea que perezcas". La lluvia de azufre y fuego destruye a Sodoma y Gomorra, a las ciudades, a todos los moradores y al fruto de la tierra. "Entonces la mujer de Lot miró atrás, a espaldas de él, y se volvió estatua de sal."

En sus memorias (inconclusas), Novo recrea una insólita niñez provinciana. El hombre de cuarenta años busca otorgarle la materialidad posible, la de la escritura, a su experiencia fundamental, la homosexualidad. Sobre esto último no hay duda. Si algo define a Novo hasta cierto momento, es su reto y su incapacidad de fingimiento. "Juega su corazón" al exhibicionismo, y se impone gracias a sus cualidades: inteligencia, sentido del humor, desenfado, laboriosidad, valentía innegable. Alcanza desde muy joven un prestigio y un desprestigio radicales, y los alimenta a un costo muy elevado. El método con el que "decepciona a nuestras costumbres" (Jorge Cuesta) enfurece al machismo y al antiintelectualismo, y, al resistirlos, Novo obtiene casi por su cuenta un adelanto significativo en materia de libertades, no sólo de la preferencia sexual sino de la apariencia.

Sin duda, para los gays de una larga etapa –y por gay debe entenderse a los solteros que insisten en no pagar el tributo del camuflaje– la vida de ghetto es sórdida, con la sordidez de la sujeción a dos factores inexorables: no tener ya nada que perder (ningún respeto que obtener o algo en que invertir creativamente el tiempo) y no tener ante quien disimular (alguien que obligue al placer escénico). Vivir como si la privacidad no existiese, es una solución arriesgada porque en el *afuera* que deshumaniza al diferente, es preciso ocultar siempre lo íntimo. Y antes del reconocimiento y de la plena incorporación al laberinto de las comidas y las cenas, nada estimula tanto a Novo como el exilio de la Respetabilidad. Mucho de lo más vivo de su obra y su comportamiento gira en torno de la transgresión: los poemas de la desolación, los epigramas, los sonetos amoroso-satíricos, los poemas donde abomina del cuerpo propio y exalta el sarcasmo de sí, el cultivo del dandismo, la instalación de la pose en el nicho de la identidad irrenunciable. Sin ambages, la condición inocultable le resulta a Novo el acicate que le permite la mirada del *outsider* persistente aun en sus años más institucionales.

Novo es determinista, y por eso reflexiona sobre el rumbo de su vida de no morir el tío, y le son inevitables los brotes de psicología a lo Kraft-Ebbing o a lo Adler. Sin embargo, su caso no es tan singular. En los gays de esa época la naturaleza del deseo determina la visión del mundo, la verdadera, la más profunda, no la ritual del vasallaje fariseo a las buenas costumbres. Para los marginados por su elección sexual, no existe tal cosa como "el reposo del guerrero". La apetencia es convulsa y compulsiva porque es onerosa en más de un sentido y porque es la recompensa de la marginalidad. No es que el gay le dedique más tiempo real y mental al sexo que los heterosexuales, sino que los escollos para el ejercicio de su impulso alían la gana, la frustración, el temor y las sensaciones vigorizadas de triunfo. Y de allí "el afán como un clavo, / como un clavo clavado en la frente".

En 1945, Novo ya se alejó del fervor orgásmico ensalzado en *La estatua de sal*. Ha escrito libros fundamentales (*Ensayos, Return Ticket, Espejo, Nuevo amor*), es uno de los grandes renovadores del periodismo, ha incorporado su "leyenda rara" a sus haberes ("que mayores prestigios me rendía"), ha renunciado ostensiblemente a cualquier vínculo amoroso. Si carece del respeto máximo que la época concede y si aun se le zahiere en demasía, los ataques se extenúan en la repetición de rumores y chistes, y Novo, ya muy próspero, dispone de un círculo admirativo. (Tal vez por eso atenúa la animosidad prodigada en sonetos y letrillas satíricas.) Entonces, ¿por qué escribir *La estatua de sal*? ¿Por qué es el *único* gay de una larga etapa que devela por escrito su censuradísima intimidad? Cierto, el texto no está pensado para su divulgación inmediata, ni en 1945 es localizable un impresor tan licencioso que lo publique, porque es largo y belicoso, y carece de la paradoja a fin de cuentas amable de *El Tercer Fausto* y de la ostentosa fragilidad de *Dueño mío*.

En 1966, en casa de don Rafael Giménez Siles, dueño de Empresas Editoriales, oí por vez primera *La estatua de sal*, la parte de la iniciación con el beisbolista de Torreón. Entonces el relato estremecía sin remedio, quizás también por la lectura regocijada de Novo, despreocupado ante las posibles reacciones. A él le daba igual si su texto indignaba o fastidiaba a uno o varios de sus oyentes, y nunca fue su problema el punto de vista ajeno. Daba por sentadas, supongo, la animosidad contra su persona (el "Nalgador Sobo" del ingenio popular) y la envidia potenciada por "la injusticia" que entraña el talento de un "anormal".

Táctica de asimilación: si Novo incorpora la maledicencia y el menosprecio social a su vida cotidiana, se suicida. *Todo el mundo* (todo el mundo que él registra o resiente) se refiere a él como *el joto*, con la excepción de los muy discretos que hablan con prisa de sus "extravagancias". Para soportar el aluvión, aleja, convertido en rumor, ese punto de vista que lo lacera. De no adoptar esa indiferencia, el cerco lo pulveriza. En esto, actúa como los políticos que sólo registran las encuestas favorables.

En primera y última instancia, *La estatua de sal* es un mensaje de Salvador Novo a Salvador Novo: si lo vivido te ha resultado inevitable y gozoso, el único arrepentimiento concebible es el silencio. Si te callas por completo, te declaras culpable. Novo escribe para ser leído algún día, y para ser leído en ese instante por él mismo. Así, el libro no es tanto la mitificación del pasado personal, como el ejercicio, a través de la literatura, de los derechos negados. Entonces, se requiere de una enorme valentía (del genuino valor civil) para que un gay consigne por escrito su identidad sin disfraces, así nadie más lea el texto. Esta afirmación no es en lo mínimo un juego de palabras. Sin *La estatua de sal* se desvanece la audacia que le ha dado sentido a una existencia, y la transgresión habrá sido en vano. En cambio, dar cuenta del cumplimiento del deseo (pese a todo) equivale a pregonar en la Plaza Mayor lo que fuera del ghetto gay, ese gran clóset que contiene a los salidos del clóset, se identifica con lo más ruin. No es lo mismo ejercer una conducta que, en pleno homenaje cachondo, dejarla transcurrir en más de cien páginas.

Según creo, *La estatua de sal* se interrumpe cuando a su autor empieza a irle muy bien en lo económico y lo social. Mucho del impulso más crítico y autocrítico viene de la época del acoso. Raoul Fournier y Carito Amor, sus íntimos amigos, me describieron en varias ocasiones las cartas que, por desesperación, les enviaba en la década de 1930, de una soledad y de una tristeza enormes. Al superar los hostigamientos –supongo– se aleja de la bravata desgarrada que había sido su estancia en la razón. Si no establece en la página la legitimidad triunfante de su apetencia, se queda únicamente con la condena. Para él, la relación descarnada de su vida sexual banaliza el oprobio. La literatura no sólo es ámbito de salvación, sino de salud mental.

Hoy, a Novo le habría sido muy fácil publicar sus memorias, pero ya no tendría el mismo sentido, y el *Coming out* se volvería un alegato político sin interés para su autor, tan descreído de las causas libertarias y tan convencido de la libertad como batalla personalísima, intransferible. Sin la mención explícita o implícita de los derechos civiles, *La estatua de sal* es la explicación entusiasta de la dicha no anulada por el estigma. Por eso las memorias son la confesión que insiste en salvar la salud mental. (Tal vez sea mejor usar *proclamación* y no *confesión*.) Y, también, Novo busca sin duda inmunizarse del embalsamiento del respeto. Por eso, cuando más tarde, ya él reconsagrado, le pregunté si se publicaría *La estatua de sal*, me respondió un tanto vagamente: "No sé si conviene por ahora. Se están acostumbrando a otra imagen de mi persona".

El texto carece de antecedentes en América Latina. Por eso, cabe insistir en el valor enorme no social sino psicológico, y en esa misma medida social. No es desatar iras por un texto que nadie leerá, es cuestionarse a sí mismo escribiéndolo, y al hacerlo percibir que en buena medida el libro ya se ha escrito con la actitud. Novo cruza un abismo psíquico, el que media entre la conducta y el compromiso de asumir la diferencia a fondo. Para un escritor genuino, y él lo es a raudales, narrar una predilección profunda es fijarla contra todo, para que el texto, así quede en el cajón, sea un compromiso público. (Y de esto supieron muchísimo los escritores perseguidos por el estalinismo.) Novo pertenece a la raza de los que muy difícilmente admiten algo "más allá de las palabras", y lo que le concierne a fondo se concentra en la escritura. Y si su producción francamente heterodoxa es marginal, de pequeñas ediciones de autor, no es a causa de la discreción sino de la censura.

A este respecto, y hasta fechas recientes, la ausencia en México de textos autobiográficos de gays, se explica por diversas razones, ya no documentables, de cada uno de los autobiógrafos fallidos. ¿Cuáles serían las hipótesis de trabajo? La primera es la prohibición de contar lo que le causaría vergüenza a la familia; la segunda es el miedo a trazar en la página lo que la mayoría padece como vergüenza; una tercera es la carencia de espacios del desarrollo individual, lo que condena a los escritores a asumirse como representativos de grupos, regiones, clases sociales o la Nación; una cuarta es la convicción omnipresente hasta fechas relativamente recientes: ninguna editorial se atreverá a publicar un texto "obsceno". Y finalmente, no hay el hábito europeo –inglés sobre todo– de darle a la experiencia individual el valor único que, por lo mismo, equivale al cotejo de la sociedad entera. Antes de *La estatua de sal*, José Vasconcelos escribe el *Ulises criollo*, la autobiografía que le da a lo privado la desmesura de lo muy público. Pero el género no cunde.

En la Cámara de Diputados, en un acto de intelectuales con el presidente de la República, 1967.

Roberto Montenegro, Carlos Pellicer, Salvador Novo y Carlos Monsiváis, 1967.

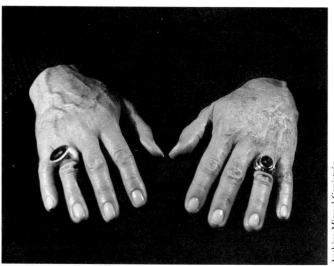

Sus manos, fotografiadas por el Estudio Semo.

El tono evocativo de *La estatua de sal* se ciñe más de lo previsible al freudismo de la época. Novo es devoto de Freud y de los rudimentos de psicoanálisis entonces disponibles. Y queriéndolo o no, elige del pasado lo que mejor se acomoda a esta perspectiva. No es tanto lo que se ha vivido sino la selección de aquellos hechos que más se prestan a su interpretación simbólica. Al parecer, todo estaba ya predeterminado, sólo faltaban las oportunidades del deseo.

NUEVA GRANDEZA MEXICANA: "DE LA SOBERBIA MÉXICO EL ASIENTO"

En 1946, Novo gana un concurso del Departamento Central con un libro fundamental en su bibliografía: *Nueva grandeza mexicana*, donde la distancia entre el Yo y la Ciudad se cubre de júbilo. Al desarrollismo, la "ideología" capitalista de moda, Novo le aporta el viaje literario por la capital que es una sociedad cerrada a punto de la apertura. Novo congrega las anécdotas, las amistades, las reflexiones urbanas y los conocimientos privilegiados que son, para sus lectores, el gran mundo por antonomasia. En *Nueva grandeza*, la tradición es una sobremesa amistosa, nada hay en la ciudad amenazador o en verdad desconocido, y el partido único robustece la confianza en el Progreso. Este México donde cada persona o situación ocupa un lugar fijo es, sin duda, el semblante regocijado de un capitalismo salvaje que, por entonces, promueve la movilidad selectiva. El complemento de la paz social (la resignación) es la concordia cultural (la exaltación del estado de cosas).

El libro usa como punto de partida la *Grandeza mexicana* de Bernardo de Balbuena (1616). A manera de programa y guía para las descripciones, Novo elige siete líneas de Balbuena:

> Caballos, calles, trato, cumplimiento,
> regalos, ocasiones de contento,
> letras, virtudes, variedad de oficios,
> origen y grandeza de edificios,
> gobierno ilustre, religión, estado,

primavera inmortal y sus indicios,
todo en este discurso está cifrado.

Nueva grandeza mexicana anticipa el éxtasis social que se
prodigará a partir del primero de diciembre de 1946, al asumir la Presidencia de la República el licenciado Miguel Alemán Valdés. El desarrollismo (otro de los nombres de la teoría del Auge Indetenible) lanza su edicto: defendamos hoy la
riqueza de unos cuantos; mañana o algún día se verificará
la prosperidad de todos. Y el contexto de la ilusión comparti-
da es la Ciudad de México entre 1946 y 1952, singular, intensa, orgiástica, que le opone a la represión moralista el auge
de zonas relativamente libres.

Nueva grandeza: la epopeya de una ciudad que alterna la
americanización y las costumbres pretéritas, democratiza las
diversiones y les proporciona a sus habitantes sin Alcurnia
(todos) el árbol genealógico de leyendas y esperanzas. En el
esquema, la tradición equivale a una prolongada conversación hogareña, y nada de lo que se vive –incluidos los crímenes, que siempre les ocurren a otros– es hostil o en verdad
desconocido. En la capital, Edén no susceptible de subversión, la distancia entre lo que se tiene y lo que se quiere suele
cubrirse con la mitología desbordada.

1946 en la capital de la República: tres millones y medio de
habitantes, un proletariado convencido de su deber y de la
alegría de ser pobre, una burguesía al tanto de que el radicalismo no volverá, las clases medias enteradas de que cada
ascenso en el empleo o cada cambio de domicilio constituyen
el aprovechamiento del momento histórico. La ciudad crece
sin que nadie proteste o averigüe los métodos de fraccionado-
res y latifundistas urbanos. En política, lo decretado por el
general Manuel Ávila Camacho, la Unidad Nacional (de las
clases sociales y de los individuos en torno a la Primera Ma-
gistratura), asegura la confianza en el esplendor urbano, ya
con un sindicalismo domesticado y un comunismo a la sombra de su lucha interna. Y si México es, como tanto se dice,
institucional, todo –en correspondencia– es institución: res-

taurantes, atmósferas nocturnas, artistas de cine, funcionarios, escritores, compositores, situaciones populares. Y que acudan cronistas y fotógrafos mientras en dancings y cabarets, en canchas deportivas y en los primeros multifamiliares, se reparte lo que hace las veces de la distribución justa del ingreso: la estabilidad psicológica entre los carentes de recursos.

TODO EN ESTE DISCURSO ESTÁ CIFRADO

En la crónica de Novo, la ciudad es, muy concretamente, la energía amable que cunde en perímetros exclusivos, ámbitos del peladaje y la leperuza, y zonas de encuentro de los de Arriba y los de Abajo. Nada se problematiza porque los problemas a largo plazo no existen. Y en buena medida, el optimismo de Novo da fe de convicciones generalizadas. Hay pobreza y miseria, el melodrama aún es la táctica para escenificar lo de otra manera vivido sin protección verbal, la mayoría vive en esa premodernidad que es hacinamiento y falta de oportunidades, pero el imaginario colectivo dispone de alternativas: el cine nacional provee de arquetipos y estereotipos; la canción romántica le infunde a las relaciones personales el aura de lo poético; los Monstruos Sagrados (de Diego Rivera a María Félix, de Cantinflas a Dolores del Río, de Pedro Infante a David Alfaro Siqueiros, de Rodolfo Gaona a Jorge Negrete) le dan credibilidad al espejismo: la nación ya es importante porque tiene hijos célebres.

En la Ciudad de México –y en el resto del país se comparte vicariamente la euforia– se vislumbran algunas libertades largamente aplazadas, hay explosión demográfica de cabarets y burdeles, el bolero organiza los sentimientos de adoración en vecindades y rumbos prostibularios, el crecimiento industrial auspicia la ilusión del pleno empleo, en las nuevas generaciones de pobres ya hay quienes se sienten deseables gracias al ejercicio agotador. (Los "Tarzanes" y los "pachucos" son los dandys que usan de espejo admirativo los dancings; ser "un cuero" es una meta inesperada en las clases populares.) Todo lo que se ve es típico, y al núcleo sacrosanto, la familia, no lo afectan los cambios. Novo se solaza en su descripción:

> con una forma, en fin, de fecunda y armónica convivencia que las viejas vecindades –núcleo de la ciudad– propiciaron; que en vano combatió la casa sola, inepta y que los modernos *apartamientos* restauran cuando surgen a ofrecer a los habitantes de la ciudad el modo, no postizo ni extranjerizante: sino *tradicional* y moderno, vivo y legítimo por ello, de vivir al ritmo de su ciudad.

Según Novo, el sentido de la nueva arquitectura es el apogeo de la vida privada. Lo comunitario va derivando en el aislamiento de personas y familias en la multitud o en los multifamiliares. El sincretismo arquitectónico es hazaña comunitaria:

> Cuando vemos que en ella [la capital] conviven mexicanos de toda la República y extranjeros de todos los países: cuando coexisten Xochimilco, la Catedral, las vecindades, el Reforma, los palacios porfirianos y los apartamientos disparados hacia arriba por Mario Pani: el Callejón de la Condesa y la Calzada Mariano Escobedo, o la Diagonal San Antonio: Tepito y Las Lomas, Anzures y Narvarte, los *ejercicios* de Cuaresma y un *partidazo* de football en el Asturias: la india que pregona sus flores y las orquídeas en caja de plástico, sentimos la fecunda, gloriosa riqueza de una ciudad imán.

Los contrastes oprobiosos se perciben como hazañas porque el capitalismo sólo admite una respuesta de asombro a su desmesura. En *Nueva grandeza mexicana*, Salvador Novo le da voz a la mitomanía pluriclasista que veinte años más tarde se desintegra sin remedio. Y en el camino, da por resueltas las aflicciones ancestrales y por curadas las dolencias del alma nacional. Novo se atiene a la versión oficial y declara portentosa la mezcla armoniosa de las clases sociales, que redime al peladaje de su pecado original:

¿En dónde está el filósofo que diagnosticó en los mexicanos un *complejo de inferioridad?* Esa forma aberrante, decadente, del pudor, que se expresa en la reverencia al tabú social: que se avergüenza de la indumentaria heterodoxa: que se inhibe ante el símbolo del poder superior, y que así estatiza y congela todo proceso democrático de fecundo mestizaje racial, y de armoniosa, orgánica supresión progresiva de las clases, si una vez existió, puede ya dichosamente decirse que ha sido superada y vencida.

¿Qué fuerza ha de ahuyentar el atavismo? El deporte, "que por juego es símbolo y esencia del trabajo". Novo en *Nueva grandeza* combina el espíritu lúdico, el humor que anima sin corroer, la madurez prosística y el apego idolátrico al optimismo oficial. Por eso, alaba la "armoniosa, orgánica supresión progresiva de las clases", y opta por el sentimiento utópico:

> Desde las Lomas, la ciudad se veía flotar en un halo tenue que recortaba sus perfiles: volcada sobre el Valle, tendida entre los siglos, viva y eterna. Ya recogía, como una madre gigantesca y celosa, el retorno fatigado de sus hijos. Bajo los techos de aquella ciudad; en el llanto del recién nacido, en el beso del joven, en el sueño del hombre, en el vientre de la mujer; en la ambición del mercader, en la gratitud del exiliado; en el lujo y en la miseria; en la jactancia del banquero, en el músculo del trabajador; en las piedras que labraron los aztecas, en las iglesias que elevaron los conquistadores; en los palacios ingenuos de nuestro siglo XIX; en las escuelas, los hospitales y los parques de la Revolución, dormía ahora, se perpetuaba, se gestaba, sobrevivía, la grandeza de México.

Antes del catastrofismo y las catástrofes hoy imperantes, la Ciudad de México conoce su última utopía, la de la armonía y la confluencia, y el utopista más entrañable es Novo que, para honrar mejor el título de su libro, recorre lo memorable según la tradición y según el encargado de la tradición: él mismo. Allí está la ciudad, aliviada de conflictos y vicisitudes, pródiga en comederos y sitios de esparcimiento, decorada por la modernidad, refrendada en su pintoresquismo por las multitudes. Nadie llega más lejos que Novo en la presentación de la ciudad legendaria que, con *Maese* de guía de viajeros, se vuelve el fenómeno cordial que los lectores hubiésemos querido vivir. Y *Nueva grandeza* despliega una de las escasas visiones unitarias de la ciudad, la penúltima antes de *La región más transparente*.

XI. "De lo más respetable y de lo más nuestro"
(El sexenio de Miguel Alemán Valdés)

■

> Las maneras tienen más importancia que las leyes. En gran
> medida, de ellas dependen las leyes. La ley nos toca pero aquí y
> allá, y de vez en cuando. Las maneras son lo que humilla o
> sosiega, corrompe o purifica, exalta o envilece, nos sumerge en
> la barbarie o en el refinamiento, por una operación constante,
> firme, uniforme, insensible, como la del aire que respiramos.
> Nos entregan la forma y el colorido de nuestras vidas. De acuer-
> do a su calidad fortalecen la moral, la aprovisionan, o la destru-
> yen totalmente.
>
> Edmund Burke, en 1796

A la élite del país que crece velozmente, como a los victoria-
nos estudiados por Gertrude Himmelfarb, la Respetabilidad
no les parece un valor sino una realidad. De acuerdo con su
perspectiva, no hay tal cosa como "el México Profundo", y la
miseria y la pobreza, que deploran verbalmente, les resultan
pintoresquismo. La Respetabilidad es la pertenencia a clubes y
los actos de caridad y la edificación de residencias que aho-
rren preguntas sobre los estados financieros y el envío de los
hijos a estudiar en el extranjero y el desfile de los Hombres y
las Mujeres de Pro, cuyos orígenes así sean muy "humildes"
quedan redimidos por la fundación de dinastías. La noción
del mérito individual se encumbra para –así lo creen– no de-
berle nada a la Revolución.

Entonces, la moda no es el individualismo de los seres gre-
garios sino el crecimiento en compañía, el cambio acordado
de la sensibilidad. A este respecto, es oportuna la cita de
Walter Benjamin en *El proyecto de las arcadas*: "Para aprehen-
der el significado de la *nouveauté*, es necesario examinar las
novedades de la vida cotidiana. ¿Por qué cada persona busca
compartir la última moda con los demás? Lo más probable,
para triunfar sobre los muertos. Esto sólo sucede cuando no

hay nada realmente nuevo". *Triunfar sobre los muertos,* aprovechar al máximo las comodidades, las libertades, las autocomplacencias de que no disfrutaron los ancestros. Y sobre la operación del cambio, impera un modelo (la americanización), un método (que los ambientes del lujo sean la heráldica de los dueños), algunos expertos, modistos, decoradores de interiores, arquitectos, sastres... y Salvador Novo.

Novo no es el *flâneur* sino el Comensal que viaja por platillos y conversaciones y desarrollos de las familias y bodas y velorios y despedidas y regias inauguraciones y comentarios ácidos sobre lo que sucede *afuera.* Y es el Espectador que recorre los espectáculos y sus públicos. El Comensal dispone de un halo: su ingenio ubicuo, y, por eso, si no es estrictamente el maestro de la nueva burguesía, sí encarna el magisterio ideal. La élite que medra a la sombra de las instituciones se sabe sin "legitimidad" (esto es, sin *prosapia*), y debido a eso los millonarios de "la nueva hornada" se alían con los seudoaristócratas expulsados de Europa por la guerra, a los que resucita el brío de sus buenas maneras. A eso agréguensele los profesionistas más destacados y alguna celebridad excéntrica. Y el faje morganático de la burguesía y las familias "de abolengo" (recuerdan con detalle el nombre de sus bisabuelos) da por resultado una alergia a la crítica y la imaginación.

El Espectador enseña a cultivarse a través de la ironía y el sarcasmo. Tómese por ejemplo la devoción por la ópera, la gran concesionaria de los prestigios íntimos. Novo les enseña a sus lectores la superioridad instantánea, lo que es también obligarlos al respeto. Así, nos ofrece las primicias de la conquista del bel canto por los ignoranti:

Cerca nuestro, disfrutaba la *Aída* toda una familia decente. El hijo se informaba del curso de los acontecimientos escénicos con el enterado papá, y éste, a su vez, consultaba el programa para averiguar la verdadera identidad de Amneris, Aída, Radamés y el papá de Aída, que a la sazón era Paco Sierra. "Es más bien contralto", atrevía su opinión de la robusta y celosa princesa egipcia el hijo.

La crónica es devastadora y hace que desfile un público ansioso del éxtasis que le niegan sus conocimientos. Y en la escena social, Aída, el ídolo de los *Opera Queens*, se pone al servicio del deslumbramiento de los recién emancipados de la trova del Sureste:

> y hasta el público menos poligloto entiende que ella dice que sufre mucho cuando tiende los brazos hacia el tercer piso de Bellas Artes y abre la cavidad oral hasta el máximo de la emisión de campeonísticos sonidos, Aída conquista la emoción respetuosa de un auditorio que contiene su aplauso hasta el momento debido, y entre los acordes apagados y tristes del final de su aria, se dirige, sollozante, silenciosa, hasta la columna más próxima. Y en ese solemnísimo momento, al compás de su postrado andar, sus sandalias doradas empezaron a expeler los indecorosos, rítmicos, inconjurables sonidos que caracterizan a las alpargatas chilladoras de Yucatán. (3 de octubre de 1943)

Todo se detiene en el examen concienzudo de la forma: maestros de cocina, jardineros japoneses, servidumbre uniformada, choferes que aguardan diez horas en una pose digna, maestros de golf, expertos en vinos. Por unas décadas, priva el aprendizaje de la sociedad deseable que, al memorizar el Buen Gusto, se aleje del pasado inmediato. El refinamiento se adquiere identificando el mal gusto, al que se le dedica esa técnica del distanciamiento que es la sorna, y fortaleciendo la noción de *exclusividad*, espacio orgánico del Buen Gusto, a través de la redefinición de *política*. En los distintos niveles de la sociedad, nadie se considera "ciudadano" (las mujeres aún menos), y el PRI, partido único, obliga a todos los sectores a una técnica defensiva: mientras en público se festeja a los políticos, en privado se declaran atroces las convicciones partidistas y la búsqueda personalizada del poder. El régimen exige la incondicionalidad y *la política* (el tono enunciativo es de gran desprecio) es la mala palabra que designa lo acontecido fuera del poder y de la sociedad.

En las crónicas de Novo, la capital es el minucioso placer de intimar, discreción mediante, con la clase en auge. El cronista atraviesa los salones, las cenas diplomáticas, los mercados, los homenajes, los juegos de bridge, el éxtasis operático, las incursiones en el bajo mundo, el amor por la lucha libre, la pasión por el chisme, la visión de la urbe y de la nación como redes de matrimonios con ánimo de recibir los domingos por la tarde. La ciudad, el conjunto de informaciones y noticias secretamente adquiridas y públicamente distribuidas, es tan sólo la distancia entre la seguridad económica y la opinión a la ligera. La nación es la entidad cada vez más abstracta que autoriza el lirismo ocasional y la lealtad olvidadiza.

Aparte de *La estatua de sal*, el Novo más personal en lo que a crónica se refiere es el del período 1940-1960. En esos años, les encuentra el mayor sentido a las comidas y las cenas y las bodas y los cocteles. Dialoga con los que permanecen y con los que se elevan y se pliega gustoso a juicios y prejuicios: la política es el Mal Menor, los políticos son los Seres Supremos, ser advertido por Los que Cuentan es la obsesión primordial. Aquí cualquiera, si se fija en los palcos del Palacio de Bellas Artes, conoce con detalle su lugar en la vida. Y las Familias, como Novo les dice a las tribus esparcidas en la cima de la política, la economía, las profesiones y la cultura, no valoran tanto la antigüedad de ruinas y monumentos y obras de arte, como la inminencia de las riquezas del porvenir, y el tráfago de tiendas y reuniones y ceremonias solemnes. Mientras, reciben trato de personalidades aquellos que hace apenas unos meses nadie hubiese considerado sujetos de saludo.

El Retrato de la Élite que se Moderniza mezcla lo previsible y lo original y Novo ilumina los escenarios y los personajes del ascenso. A la cultura de la Revolución Mexicana y su demanda retórica de "una nación justa", se oponen los ocios y las concupiscencias "decentes" de aquellos ocupados y preocupados por su sillón en el Establishment, sus carreras profesionales, sus jardines, sus viajes, el bridge del domingo en la tarde. Como ha mostrado Richard Ellmann en su gran biografía de Wilde, los puntos de coincidencia entre la élite y el ingenio homosexual de salón son varios, entre ellos tres devociones: a la apariencia, al chisme y al escándalo. A eso añádase la disciplina menos pregonada y más tomada en cuenta: el aprendizaje de maneras. Al respecto, Pierre Bourdieu anota lo siguiente: "Las concesiones de cortesía implican siempre concesiones políticas, son los impuestos simbólicos que deben pagar las personas". En el universo de cortesías de la sociedad mexicana, el tributo simbólico se le paga a la edificación de la "aristocracia capitalista", que va integrando su linaje con el envío de rosas a las señoras el día de su cumpleaños, con los regalos suntuosos, con los mil y un protocolos que alejan las imágenes de los militarotes con los pies sobre la mesa y la botella de cognac en la mano.

En cierto sentido, un orden social se inaugura con anhelos de eternidad. Y los lectores agradecen las evocaciones rituales, la ampliación de puntos de vista, los motivos de conversación, los fraseos sardónicos. Este repertorio ya no lo abandonará. De *En defensa de lo usado* (1938) y *Las locas, el sexo y los burdeles* (1970), Novo le agrega amenidad a la erudición, ingenio a los relatos de vida cotidiana, vigor literario a los asuntos considerados insignificantes.

"TODO SE VUELVE PRÁCTICO, ESQUEMÁTICO"

> Pero, en primer lugar, Nueva York era una metrópolis perfectamente consciente de que en las metrópolis no se suele llegar temprano a la ópera, y lo que suele o no suele hacerse tenía un papel tan importante en el Nueva York de Newland Archer como el de los inescrutables terrores totémicos que regían los destinos de sus antepasados miles de años atrás.
>
> Edith Wharton, *La edad de la inocencia*

Durante el régimen del abogado Miguel Alemán, un civil, Novo, con la curiosidad intelectual disminuida, se convierte en *El Maestro Novo*, el hombre de teatro que fue poeta, el comensal de lujo que había sido el Impresentable, el conservador que fue un anarquista sexual. La ciudad se expande y el horizonte social de Novo se restringe, entre apoyos al gobierno y al Mundo Libre. Así por ejemplo, en su colaboración de *Mañana* del 1 de febrero de 1948, se solidariza con el secretario de Relaciones Exteriores Jaime Torres Bodet, que reconviene al embajador en Chile, Pedro de Alba, por darle asilo diplomático a Pablo Neruda, perseguido por sus críticas al Presidente de su país:

> Afortunadamente, en la alarma de Neruda parecía haber mayor deseo de notoriedad que verdadero peligro de verse gandhizado, y su gobierno anunció no tener interés en reunirlo con García Lorca. Pudo así abandonar la embajada mexicana antes de que, o lo expulsaran de ella, o con alojarle en su recinto pusiera en peligro la cordialidad apacible de nuestras relaciones con los chilenos.

La transformación significativa es la psicológica. Desaparece el "alma de la fiesta" y se apersona el Hombre de Pro:

> Estaba también ahí Áurea Procel, ya a punto de recibirse de médica y conversamos. Como otras personas que me trataron hace tiempo, me encuentra cambiado de carácter. Debo de haber sido (yo no lo recuerdo) muy alegre, comunicativo, extrovertido, porque esas personas se extrañan al verme juicioso, callado, cortés, discreto.

Una y otra vez, insiste: en mi renuncia al que fui, perdí algún reino, y la alegría vital al desvanecerse, da paso a los falsos y verdaderos remordimientos, a la melancolía abrumadora. Asiste por ejemplo a una reunión con actores y se divierte en una atmósfera sin pretensiones ni falsedades:

> Y me preguntaba: ¿por qué me están negadas estas fáciles satisfacciones? ¿Por qué no tengo un estudio en México, donde pudiera recibir a mis amigos, charlar con ellos, agasajarlos? ¿Por qué –en resumen– no tengo de estos amigos

–tan sencillos y cordiales, tan *soothing*? Todo se vuelve práctico, esquemático. Se escribe por y para, se tiene un lugar para, y eso se despacha –palabras y actos– como una deleznable mercancía, en que lo gratuito desaparece, y con ello, lo plácido y satisfactorio.

¿En qué se convierte la Vida Respetable? En el ir y venir de colaboraciones, consultas médicas, juegos de salón, chismes, elogios fúnebres, matrimonios de los hijos de los amigos, reuniones donde el Establishment festeja a sus héroes, en suma, en las obligaciones de figurar y recordar ritualmente por qué se entró al espacio de la notoriedad. Y siempre, la ronda gastronómica: "Hoy mi agenda indicaba una serie tan aterradora de ingestiones en cadenas, que habría debido empezar el día por omitir el desayuno, medir el almuerzo y parquedad en lo demás". Y los amigos invariables: el banquero Pedro Maus, Anita y Jorge Rubio, Conchita Sada, el músico Carlos Chávez, el psicólogo José Gómez Robleda, el doctor Raoul Fournier y su esposa Carito Amor, el publicista Augusto Elías, el Patrón, los amigos cercanísimos Roberto Montenegro y Delfino Ramírez, y la presencia intermitente de Xavier Villaurrutia. A esto añádanse los funcionarios de moda, los actores, los escenógrafos, los dramaturgos jóvenes. Al vértigo social lo dirige la sensación perturbadora: la soledad es el mayor fracaso, el infierno es la ausencia de los demás. Se está a solas lo indispensable, y lo indispensable tiene que ver con las horas de sueño. Novo, autobiógrafo de tiempo completo, espía de sí mismo, delator de su intimidad, no duda un instante: estar a solas, ocupado en tareas de largo plazo, es prescindir de lo más valioso, del reconocimiento cotidiano que lo salva del destino de los expulsados sin remedio. No le interesa emprender aquellas cosas que puede cumplir con holgura, perfección y reposo. Por el contrario,

es la dispersión angustiosa mi clima propio, aquel que nadie me fuerza en realidad a establecer: al que siento que me arrastran las circunstancias; pero al que no he opuesto nunca el dique de una limitación, y el que en consecuencia debo admitir (a menos que convenga en que carezco de toda fuerza, suposición que por otra parte desmiente mi capacidad de trabajo y de dispersión) que soy yo mismo quien lo propicia y quien lo crea.

"Naciste acelerado", me decía E. cuando mi prisa por concluir contrastaba con su morosa delectación en retardarlo. Y tenía razón. Ahora mismo, ¿no lleno esta página a la media noche de un día en que no dispuse de un solo minuto que guardar para mí, todos los que entregué, a lo largo de catorce horas de trabajo, a los demás? Ni siquiera el tiempo de registrar, para revivirlos, todos los episodios que llenaron el lunes, y el martes, y hoy mismo. (27 de octubre de 1948)

A Novo el "Diario" lo autoriza a verse a sí mismo sin miramientos, atribuyéndoles a sus interlocutores la crítica que en el acto desecha, precisamente por tomarla muy en cuenta. El personaje es y se sabe falible, pero si lo reconoce en público se vuelve infalible, porque una vez más le gana la mano a los denuestos con el examen inteligente de su conducta. En la fiesta de despedida a un norteamericano, Paxton Haddow, éste reconviene a Novo: "Eres muy serio, creas cosas hermosas pero no pareces gozarlas, ni gozas de la vida. Y esto es muy, muy malo. Tienes que divertirte, tienes una gran capacidad para el regocijo". Ante el alegato, Novo se retira: "No me gusta que me analicen" (31 de octubre de 1948). No obstante, ha transcrito la admonición en una revista.

Pero si le molesta ser diseccionado psicológicamente, es un fanático del autoanálisis, lo que, cabe suponer, deriva en última instancia de la reverencia por la mitología freudiana que, al situar su conducta en el terreno de lo impostergable, le confiere identidad y lo aleja de las tentativas de suicidio, acto que teatraliza por lo menos en dos ocasiones, según consta en sus notas (¿1918 y 1919?). Vivir bajo el dominio del inconsciente y la libido disminuye cuantiosamente el sentimiento de culpa por ser afeminado. Por unos años,

142

Novo es practicante solícito de la psicología pop, incluso a grados que se antojan cercanos a la parodia. Un día, a las diez de la noche, en el Paseo de la Reforma, le pega a su auto un camión de la línea Juárez-Loreto. Tras las averiguaciones fastidiosas es liberado. Al día siguiente narra su odisea:

Fue mi subconsciente, le expliqué, quien hizo una transferencia de partidas. El subconsciente, el demonio del subconsciente. Por la mañana, había yo estado a punto de ser víctima de un atropello, detrás del cual habría comisarías, actas, firmas, policías, enredos, justicia. Ese atropello no se consumó. Pude conjurarlo, desinflarlo. Pero empezó a funcionar el complejo de autocastigo. Se me había formado un trauma, un tumor, y era preciso para mi equilibrio psíquico liquidarlo. Así, evidentemente, mi subconsciente me cegó, se proporcionó el masoquista placer de realizar un atropello real y tangible, detrás del cual se realizaron también todas las vivencias comisariales, actuarias, gendarmeriles. Yo mismo, psíquicamente, había tenido la culpa del accidente. Yo –es decir, mi Ello– lo había fraguado como una necesaria catarsis. (9 de octubre de 1949)

Sólo la explicación "científica" de la homosexualidad cancela el desmoronamiento extremo, sólo la fantasía del autoanálisis canjea el sentimiento de culpa por el candor detectivesco del Yo (y el Id).

"HABÍA MUCHO PÚBLICO"

Carlos Chávez, creador y director en 1946 del Instituto Nacional de Bellas Artes, le ofrece la dirección del Departamento de Teatro del INBA, y Novo se translada al magisterio escénico, da clases en la Escuela de Arte Dramático, dirige, auspicia, critica, asiste a todos los estrenos y exhibe su conservadurismo a la menor oportunidad. Así, el INBA monta la obra que remueve la escena mexicana, *Un tranvía llamado deseo*, de Tennesse Williams:

> Hubo mucho público. Las familias eran en su mayoría del tipo *snob*, pero aún así, en un momento dado, cuando Rubinskis, en piyama, toma en brazos a la desmayada María Douglas y se la lleva directamente a la cama, se sintió que las familias se habían *shockeado*. Y en realidad, no había necesidad de tanto realismo. Podrían haber hecho el *blackout* en cuanto la toma en brazos, pues de todos modos, puede contarse con la imaginación experimentada del público para concederle que ya sabía lo que iba a ocurrir en la cama. (4 de diciembre de 1948)

El puesto en el INBA le causa a Novo numerosos pleitos y dificultades. Un caso límite es su querella con el director teatral más relevante de la época, el japonés Seki Sano, responsable de la gran puesta en escena de *Un tranvía llamado deseo*, con María Douglas (Blanche Dubois) y Wolf Rubinskis (Stanley Kowalski). Actuada extraordinariamente por María Douglas, la obra –marcada por el equilibrio entre el idioma poético y la violencia del atractivo sexual– genera una inesperada "revolución cultural" al hacer evidente el poderío del cuerpo deseable, el hechizo de la presencia erótica. La castidad de los movimientos teatrales deja de ser un absoluto y *Un tranvía* influye en dramaturgos, directores y público, convencidos de su repentina madurez de criterio. La gana de ser "contemporáneos de los demás hombres" solivianta a quienes, de seguro, nunca han dependido de la bondad de los extraños.

Novo impulsa a Seki Sano y su grupo. Sin embargo, de acuerdo con Novo, Seki, en lugar de agradecer "la ayuda que en diversas ocasiones y formas le ha otorgado y le otorga todavía el gobierno", le asegura a una revista norteamericana: "poner en escena una obra en México, es como batirse en el fango". Y al denunciar, "enervado", el actor y luchador Wolf Rubinskis el "acoso sexual" de Novo, éste le escribe al Primer secretario de la embajada de Estados Unidos, declinando la invitación a una comida en honor de los participantes de *Un tranvía*:

Por último, el patológicamente explicable delirio de narcisista grandeza de quien dio la pirueta desde el ring arqueril de la lucha libre al repentino estrellato escénico, ha propalado las más ridículas y congénitamente viles versiones a propósito de mi actitud hacia su hipertrofiada persona; curioso caso clínico que he tratado de entender a la luz de una conversación tenida en mi oficina con ese individuo, cuando con la terquedad peticionaria de su raza y de su clase, me visitaba a diario, y se hizo evidente una disparidad de puntos de vista acerca de su persona: mientras él se trataba a sí mismo como actor, yo no podía menos que seguirlo considerando un gimnasta. Su resentimiento, que imagino germinado a raíz de aquella conversación, y, derivado por cauces fantásticos, le ha llevado, según mis noticias, a una transmutación de su narcisismo que alcanza las vivencias retóricas de una desamparada y débil corista de ciento y tantos kilos, frente a la persecución de un despiadado y libidinoso empresario de Broadway.

Ya comprenderá usted que en tales circunstancias me sería a mí tan desagradable sentarme a la mesa con quienes han denigrado así, tanto a mi país cuanto a mi persona. (25 de julio de 1949)

Para Novo, el nombramiento en el INBA es su reencuentro con el teatro y el grave distanciamiento con muchos teatristas. Con Rodolfo Usigli el pleito es frontal, a partir de las dificultades políticas de *El gesticulador*, estrenada en el Palacio de Bellas Artes, y que el criterio palaciego en torno al presidente Alemán considera "ofensiva para la Revolución Mexicana" y "reaccionaria", al insinuar la farsa de los revolucionarios. La obra narra un proceso de simulación: al protagonista, César Rubio, se le confunde con un héroe, y él, confundido y ávido, acepta la suplantación. Usigli, a la manera de Shaw, emite un prólogo cuantioso donde explica su teoría de la "gesticulación" y la aplica a la política. El rumor asustadizo influye en los periodistas que denuncian la obra, y en el ánimo de los funcionarios, y se retira *El gesticulador* de Bellas Artes. Novo se pelea con Usigli, que lo acusa de censor, y desde entonces se multiplican los dimes y diretes. El 15 de enero de 1948 anota:

A Usigli, por ejemplo, nadie le impuso cortapisa alguna para que produjera y dirigiera su *Corona de sombras*. Pudo hacerla completamente a su refinado gusto, y a la exigencia de sus amplios conocimientos de teatro y de autor; pero no duró en escena más que una sola memorable representación. Con *El gesticulador*, que aplaudieron tanto los reaccionarios en Bellas Artes, su actor y su autor supusieron que tendrían, reponiéndole en el Fábregas, un éxito formidable de taquilla y de público. Y el resultado no fue menos triste, pues según me cuentan, el actor empresario perdió 30 000 pesos.

Con Villaurrutia el distanciamiento es muy severo, y es de suponerse que la publicación del artículo de Novo lo vuelve definitivo. Al despacho de Novo acude Xavier a insistir en la obra del pintor y dramaturgo Agustín Lazo, *El don de la palabra*. Pero a Novo le parece "muy deprimente":

Le dije mi opinión a Xavier; cómo yo preferiría una obra alegre, optimista. Y él me explicó que este amargo y desquiciado es el estado real del mundo moderno, y que el teatro tiene que reflejarlo. Que así lo hacen Sartre y Salacrou. Y se enfadó mucho. Estaba presente Carlos Riquelme, y delante de él me echó una larga filípica, haciéndome ver que mi deber era el de alentar a los dramaturgos nacionales, y conminándome a incluir una obra mexicana en la temporada internacional. Pero cuando yo le orillaba a escoger otra, y a dirigirla, dijo rotundamente que no dirigiría más que aquélla de Agustín, y ahora ni ésa. Y se marchó muy enfadado. (18 de marzo de 1950)

Y lo que sigue es patrocinar, publicitar y dirigir dos obras de nuevos dramaturgos: *Rosalba y los Llaveros* de Emilio Carballido, y *Los signos del Zodíaco*, de Sergio Magaña, muy probablemente la obra más intensa del teatro mexicano del siglo XX.

NOVO IZQUIERDISTA

En 1948 inicia sus tareas políticas el Partido Popular, dirigido por Vicente Lombardo Toledano, que pretende crear un organismo de centro-izquierda estalinista y nacionalista, si tal cosa es posible (que no lo fue). Novo se inscribe en el PP: "Cuando se fundó, José Gómez Robleda fue a verme a la casa y me anunció la inminente formación de un partido muy especial, en el que contarían todos los intelectuales de México sin distinción de credos, únicamente vinculados por su nacionalismo, por su amor a México y a su servicio. Venció mis reticencias y me ganó a la pureza de su causa". Lombardo ha sido uno de los blancos de "La semana pasada", el demagogo izquierdista, el del lenguaje cifrado, pero Novo, además de la pureza de la causa, y ya reconciliado con Lombardo, se persuade por dos razones: el secretario general del PP es Gómez Robleda, su gran amigo, el psicólogo en cuyas interpretaciones cree devotamente (su "Freud de cabecera"), y, además, es antiyanqui. En enero de 1948, por ejemplo, se pregunta, a propósito de la cancelación presidencial de cualquier conmemoración del centenario de la guerra con Estados Unidos, sobre cuánto "pueda haber de supervivencia en el buen vecino de 1848, del espíritu con que nos trataba en 1848; y que metamos en la arena de la indiferencia una cabeza de avestruz llena de ideas y planes de un trabajo que en tan grande y trágica parte consiste en seguir exportando esclavos e importando amos".

Novo nunca ha pertenecido a un partido político, pero el momento auspicia la esperanza de una política moderna. Al PP ingresan Diego Rivera y figuras de la izquierda como Ester Chapa, una de las primeras feministas, el ex ministro Narciso Bassols, el ex comunista Enrique Ramírez y Ramírez, el líder del movimiento estudiantil de 1929 Alejandro Gómez Arias, y profesionistas, intelectuales, líderes agrarios. La ideología es vagamente marxista, y la crítica al gobierno muy mediada por el espíritu conciliatorio de Lombardo, partidario incondicional de Stalin y simpatizante de Miguel Alemán, al que ha llamado "cachorro de la Revolución". Con todo, por un tiempo breve, el PP parece moderno y promisorio. La militancia de Novo, al que se le adjudican responsabilidades en la comisión de Prensa, es por lo menos excéntrica. Así, el 10 de marzo de 1949, refiere una sesión de trabajo en el restaurante Henri, elegido por Lombardo, que también escoge el menú: "las setas a la bordalesa –y su predilecto borgoña– y yo el *civet* y la carlota, aunque también suscribimos todos las crepas flameadas". Lombardo anima a Novo a colaborar más intensamente con un partido que "prende" en el país.

En su nota del 13 de junio de 1949, Novo refiere un incidente de la "lucha interna":

¡En menudo lío nos andaba metiendo a todos Luis Spota con publicar ayer en su "Picaporte" que yo le había dado la exclusiva de que Diego sería expulsado del PP! Gómez Robleda me llamó por teléfono para decirme que Diego le acababa de hablar para preguntarle si eso era cierto, porque si lo era, iba a hacer y a tronar, a tronar y a estallar. Pepe lo calmó lo mejor que pudo, y quedó con él en hablar conmigo. Volvió luego a llamarme, y en cuanto cortamos la comunicación, fue Diego mismo quien me habló. Ya no estaba tan exaltado como Pepe me lo había descrito. Le bastaba que el día siguiente –eso sí, sin falta– apareciera en *Novedades* desmentida por mí su expulsión del partido. Redacté enseguida una carta.

Novo considera su pertenencia al PP como otra de sus obligaciones sociales. Así, el 25 de julio de 1949 asiste a una reunión en casa de Lombardo para discutir la posición frente a las medidas que desvalorizan el peso: "El documento había sido cuidadosamente fraseado. No se trataba, había que hacerle claro, de un partido de oposición como el Sinarquista o como Acción Nacional, para los cuales todo lo que hiciera el gobierno estaría siempre mal. El PP no lo criticaría todo, pero no podía dejar de censurar los pasos y las medidas erróneas y perjudiciales en cuanto las viera, y en cuanto su corrección oportuna pudiera enderezar el rumbo de un gobierno cuyos lineamientos generales aprobaba".

A Novo se le designa miembro de una comisión redactora junto a Bassols y Ramírez y Ramírez. Bassols anuncia que la redacción del documento se llevará tiempo y Novo se desespera porque no ve "cómo pudiéramos tardar cinco horas en pulir escasas cuatro cuartillas de palabras, tarea que seguramente no podría llevarnos arriba de media hora". (Él siempre se jacta: una cuartilla, que ya no necesitará revisión, no le puede llevar más de veinte minutos.)

Ya para 1950 la militancia amengua. Novo se entera de renuncias (las de Bassols, Diego, Víctor Manuel Villaseñor) y transmite su indiferencia o su mirada divertida sobre el PP. En rigor, nunca ingresa al partido en el sentido de enterarse de su funcionamiento o de compartir en alguna medida el ideario doblemente populista (por la revolución mexicana y la soviética). Pero Lombardo lo elogia sin restricciones y, a propósito de *La culta dama*, le envía una carta donde lo felicita porque le da a su trabajo literario un sentido crítico cada vez más claro, valeroso y alto, al describir los defectos "de una nueva burguesía tan inculta como vanidosa, que pretende usurpar la representación de un pueblo que en su entraña es verdadero, fuerte, limpio y generoso". Novo podría de algún modo compartir la adjetivación, porque su equivalente se localiza en *Nueva grandeza mexicana* y en su visión utópica del joven proletario.

La ruptura con el PP ocurre, como toma de conciencia, durante un banquete para el autor de *La culta dama*. Ramírez y Ramírez le ofrece el homenaje del PP a uno de sus miembros, y Novo se preocupa: "Soy absolutamente libre y la gente que quiera tomarme ha de hacerlo tal como soy, o dejarme. Pero a tal punto cuido de mantener autónoma y pura esa libertad, que verme incluido o arrastrado o involucrado en las actividades de un partido político me angustia y desazona, lo mismo sea del PP que de Acción Nacional". Y si no ha renunciado, es porque considera feo hacerlo públicamente.

Por lo demás, Novo es, desde 1945, partidario de Miguel Alemán, y lo expresa en sus colaboraciones epigramáticas para *Don Timorato,* la revista dirigida por Carlos León y el caricaturista Antonio Arias Bernal, dedicada en parte a promover la candidatura de Alemán, secretario de Gobernación, y a denigrar en lo que se pueda a su rival, Ezequiel Padilla, ministro de Relaciones Exteriores, por "prieto", por "entreguista con los yanquis" y por ser "el hombre más feo de México". Novo le dedica a Padilla varios epigramas. Reproduzco uno de ellos, cuya clave es la conferencia de las Naciones Unidas en San Francisco, en donde Padilla, el Cisco de los versos, representa a México:

Es tan surtido el aprisco
de la colaboración,
que acude todo *moutón*
al redil de San Francisco.
Digo moutón por carbón,
que en su fogón levantisco
tantas bocas soplarán,
que estén todos los que están
desde Rusia hasta Jalisco,
desde Irlanda a Yucatán.

Y oiremos el mismo disco
–porque nos lo tocarán–
de que ellos ponen el Fran
y acá mandamos el Cisco
que ustedes conocerán.

A los versos los acompaña una caricatura del canciller.

¿Hasta dónde llega el hombre de respetabilidad? ¿En qué momento "el tránsfuga de las buenas costumbres" se harta de tanto hostigamiento? El 21 de diciembre de 1949 Novo refiere su fallido ingreso a la respetabilidad o como se le quiera decir a buscar el apaciguamiento de la maledicencia. Novo cita al *Tenorio* de Zorrilla para explicarse:

> Comenzó por una apuesta,
> siguió por un devaneo,
> engendró luego un deseo
> y hoy me quema el corazón.

Lo inesperado: un heterodoxo convicto y confeso quiere habilitar su clóset como altar. Novo se interesa por una de sus alumnas (Beatriz Aguirre); negado para el secreto, da a conocer su infatuación, y una amiga lo reconviene por su timidez: "Eres un estúpido; no se hace así. Mañana mismo voy yo a mandarle en tu nombre las mejores orquídeas; y luego la invitarás a cenar al Versalles, y harás disponer una mesa preciosa con flores y una cena finísima; y luego la invitarás al teatro, y a pasear, y poco a poco. ¡Pero a quién se le ocurre hacerle como lo has hecho! ¡Qué bruto eres!"

Inspirado, Novo prosigue con la novela de su vida. El personaje se ha enamorado de una mujer, y lo cree sinceramente, sin recordar a Freud y los deseos pansexuales de toda criatura del instinto. Su afecto súbito, lo admite, es por lo menos desconcertante, pero no lo puede impedir, como no evita enterar de su llamada telefónica al motivo de su debut hetero: "He estado pensando en ti todos estos días, a todas horas. Te has convertido en realidad en una idea fija. Sueño contigo, y he resuelto en consecuencia hablarte de un asunto que involucra tu destino y el mío. Piénsalo de aquí a mañana, y mañana por la tarde te espero en mi oficina". Que se juzgue sorprendente su acción, no lo altera. Tampoco lo intimidan su notoria orientación sexual, la diferencia de edades (entonces muy tomada en cuenta), la posibilidad de que el episodio se considere una risible "cortina de humo". Nada lo conmueve, porque al escribir el episodio en su "Diario", ya todo se ha frustrado. Y no resiste la tentación de contar el suceso.

Novo no exige la correspondencia frenética a una pasión moderada. "Iba a exponer desnuda, pero honestamente, mi deseo de la compañía de una muchacha cuya belleza estaba a la vista de todos, pero cuyas virtudes yo sólo sentía haber comprendido y valorizado". Tampoco le pide que renuncie a la actuación: "lo sensato sería que cada cual conservara o prosiguiera sus actividades actuales hasta el momento en que sintiera que ellas habían sido superadas por un interés mejor, y las abdicara voluntariamente".

La sinceridad –y el aforismo se construye y se destruye solo– es con frecuencia una forma de la astucia. Novo informa de su fracaso cuando éste se ha vuelto un chisme regocijante, no alega ardor erótico, sólo evaluación de virtudes, y propone que él y ella juzguen si se quieren retirar de su trabajo para consolidar la pareja. La oferta se transcribe después de la negativa, pero aún a tiempo de incluirla en la novela por entregas, y Novo es objetivo al transmitir el pasmo de la cortejada: "Nunca le di a entender semejante sentimiento. Me respetaba y me admiraba como maestro. No comprendía. Y no había pensado en casarse. Y sólo lo haría cuando estuviera muy enamorada. Y claro que no lo estaba de mí. Y que lo peor es que lo estaba de un joven".

El autobiógrafo se aferra a la serenidad madura, entiende y respeta "la repulsa de mi intención anacrónica", acepta carecer de otras alternativas y ya no piensa en procurárselas. Pero el periodista Carlos Denegri ha publicado la noticia, señalando la iglesia donde sucederá la boda. Y lo que procede es disolver el pequeño escándalo, acudir a la discreción y, típicamente, llamar al silencio desde la revista donde cuenta su affair fallido. Novo da por terminado el episodio, propio del gran relato cómico que traza voluntaria e involuntariamente: "No he vuelto a saber de ella en todos estos días. No me siento con derecho a procurarla. Entiendo las palabras al pie de la letra, y las suyas y su situación fueron bastante claras".

EL AMOR QUE NO SABE SI SE ATREVE O NO A DECIR SU NOMBRE

A Novo, referirse en público a la homosexualidad le causa dificultades crecientes. El 2 de septiembre de 1948, asiste al Teatro del Sindicato de Telefonistas a ver *A puerta cerrada* (*Huis Clos*) de Jean-Paul Sartre, y anota el shock moral:

Cuando hace una semana los franceses representaron condensada esta misma obra en Bellas Artes la cortaron con mucha habilidad. Omitieron por completo a la lesbiana cuya presencia en el infierno es la que imparte a la obra el fuerte dramatismo que tiene. Las familias estaban verdaderamente sorprendidas e incómodas, y se dieron prisa en salir en cuanto terminó la representación bien actuada y dirigida.

Él, que nunca ha ocultado nada, desearía la posesión de secretos. Y la intimidad con su público ("las Familias") le vuelve escandalizable, a semejanza del sector cuya "discreción moral" ratifica su lugar privilegiado. El conceder para pertenecer desemboca en el amor a la aceptación, en el júbilo de verse admitido. Eso, con todo, no evita los saltos de rebeldía. Y por eso, cuando aparece el Informe Kinsey, en 1948, Novo se ve trasladado a otro nivel de aceptación, el científico. Se da la noticia: es altísimo el número de hombres que ha tenido experiencias homosexuales (*La conducta sexual del varón*), y Kinsey

ha venido a impartir autoridad científica escueta (privándolo en consecuencia de toda singularidad artística, de todo carácter esotérico) al hecho simplemente zoológico de que es artificial y por tanto endeble, discutible e inválido, todo encasillamiento convencional de aquel orgasmo que en resumidas cuentas es todo lo que el hombre procura y se busca, y se encuentra, en cualquiera de las formas, ocasiones o modalidades que la oportunidad del momento ofrezca.

En un rapto de alborozo heterodoxo, ya extraño en él para entonces, Novo, al amparo de Kinsey, se lanza contra la institución familiar y contra la hipocresía: "Adiós, claro, toda reverencia por los sagrados y ficticios papeles de la paternidad, la maternidad, resultados imprevistos y laterales de un simple orgasmo. Pero adiós también al tabú de su búsqueda o de su consecución en terrenos o en formas vedadas, no por la naturaleza, sino por las buenas costumbres" (10 de marzo de 1951). El estallido es insólito y no se vuelve a repetir.

"SI NO ADVIERTEN QUE TRAIGO PUESTA LA PELUCA,
MI DISCRECIÓN FUE INÚTIL"

El "Diario" público de Novo le autoriza a frustrar el sigilo con el exhibicionismo. Si lo están leyendo es que lo consideran noticia, y por eso las referencias a sus hábitos firmes o sus metamorfosis son noticiosas. Verbigracia: el uso de la peluca. En la nota del 16 de abril de 1952, *Maese* se entusiasma: "A unas cuantas horas de su primer lucimiento público desde el escenario; a los quince días de ostentarlo, y cuando acabo de laboriosamente imponérmelo para el día frente a tres espejos, le contaré a usted la breve historia de mi tricófero disfraz".

El método del exhibicionismo no varía. A él le da la gana rectificar el despoblamiento de su cráneo, y sale al encuentro del qué Dirán. Toña Horcasitas, la maquillista, le pondera las ventajas de la peluca, y Novo reflexiona:

Yo la dejaba hablar. Libraba acaso en mi interior el análisis de si lo que me inhibiera de adoptar semejante disfraz fuera el *self respect*, la propia estimación —o la cobardía—; de si lo que me inducía a contemplar la vaga posibilidad de aceptarlo fuera la vanidad —o el contagio pleno de los menesteres

154

del teatro–, con una buena dosis de humanismo; el pequeño placer de "dar de qué hablar", el pequeño desafío a las convenciones y el satisfactorio gesto de, como se dice, "dar pasto a la murmuración" como se le arroja un pedazo de pan a los perros que no tardarían en masticar encantados y en voz más o menos baja los comentarios.

Novo pone "a votación" de comentarios y expresiones si seguirá o no usando la peluca. Y se somete a la prueba de las expresiones faciales y a la diversión de asistir empelucado a un lleno de la Sinfónica, con Stravinsky. En el intermedio, el alborozo:

Empezó a unificarse la opinión, o siguió unificándose. Aquello estaba muy bien hecho, me quedaba bien, me rejuvenecía entre diez y ochenta años, y como recetó Raoul, ya que me lo había puesto, no debía ni podría volver a quitármelo. Tranquilizado, entré de nuevo a escuchar la segunda parte del concierto. Pero faltaba la salida. El teatro estaba lleno, y al bajar las escaleras, sentía como que todo el mundo me miraba, me escrutaba, perforaba la gasa nylon y el mástic de mi frente.

Novo no sólo se enfrenta al prejuicio machista, sino también, sin tanto riesgo pero con presiones no minimizables, a la némesis de las sociedades latinoamericanas: el miedo al ridículo voluntario, el ofrecerles a los demás el flanco por donde entran la risa y el choteo. Desafiar el ridículo es desalojar de la mente la cultura familiar, las tradiciones de contención y reserva, el hacer lo que hacen todos para que todos hagan lo que uno. El miedo al ridículo es un poderosísimo instrumento de dominio, porque acorta la libertad, la experimentación y las ganas de sentirse a gusto. Y Novo lo enfrenta con desfachatez carente de sentido de culpa:

Ya no puedo jactarme de no tener pelo de tonto. A lo mejor de eso es, ya que en ellos abunda. Murmuran que es de muerto, que de eso lo hacen. Aliento, si es así, la esperanza de que siquiera no provenga de la fosa común, sino de la Rotonda de los Hombres Ilustres. Ni quejarme de que estoy pobre, dueño de semejantes peluconas. Tan pobre, en realidad, que como en las novelas mexicanas de cierta época, mi desayuno va en adelante a consistir en café con peluca.

La tesis se reitera: el que trasciende con maestría la crítica ajena, se acerca a lo invulnerable. Cuando se le pregunta a Novo por qué usa tupé, responde: "Tupé es llevarlo".

EL INGENIO DE OCASIÓN

Los *wisecracks*, las agudezas circulan. Luego de que el cantante José Mojica ingresa a un convento en el Cuzco, Perú, un reportero le pregunta a Novo: "¿Está usted decidido a meterse de monje?", y responde: "Definitivamente, estoy decidido a irme a Perú de cusco [liviano]". El periodista Alberto Catani cuenta de un movimiento de protesta de los alumnos de la Escuela de Arte Dramático del INBA en 1952. Catani ve a Novo en los pasillos y le grita: "Fuera de la Escuela drogadictos, vagos y homosexuales". Novo, inmutable, le comenta: "Le voy a dar una ayuda vocacional. La industria de la construcción necesita líderes". Y los epigramas y versos de ocasión se reproducen por cortesía de los que se sienten justificadamente ingeniosos memorizando el ingenio. Así, los versos dedicados a don Artemio de Valle Arizpe luego de una larga perorata:

> Tras de un viejo facistol
> habló Artemio largamente
> aburríase el Presidente
> se aburría toda la gente
> y así sucesivamente
> hasta que se puso el sol.

XII. El teatro: ¿En dónde está el disfraz? ¿En el público o en la escena?

■

EL TEATRO DE ULISES

Como dramaturgo, Novo carece de la brillantez y la calidad de sus crónicas, y de la profundidad de su poesía, pero el teatro es en él vocación inequívoca. En 1928, unificados por Antonieta Rivas Mercado (un personaje extraordinario, que pretende en vano a Manuel Rodríguez Lozano, es amante de José Vasconcelos y se suicida de un balazo en la catedral de Notre-Dame), un grupo se reúne a ensayar y representar obras norteamericanas y europeas. Surge el Teatro de Ulises al que seguirá el grupo de Teatro Orientación. Participan como directores Julio Jiménez Rueda, Villaurrutia, Novo y Celestino Gorostiza. También intervienen Gilberto Owen, Isabela Corona y Clementina Otero entre otros, y como escenógrafos Rodríguez Lozano, Julio Castellanos y Roberto Montenegro. El propósito lo resume Villaurrutia: "¿Y qué otra cosa fueron los teatros experimentales de Ulises y Orientación sino las tentativas de crear un público, una curiosidad nueva, que resistieran nuevas obras, extranjeras y mexicanas?" (En *Textos y pretextos*)

Antonieta Rivas Mercado habilita escénicamente su casa en la calle Mesones y los recursos son escasos ("Cuando hicimos el Teatro de Ulises, cuenta Novo, no teníamos reflectores complicados, ni butacas, ni más que el empeño de hacerlo"). Y ella expone el proyecto:

La operación en este caso consiste en presentar obras correspondientes al momento actual. Estamos fijando la sensibilidad contemporánea con creaciones maduras del teatro extranjero. Más tarde presentaremos también clásicos.

Nuestra forma de trabajo es sencillísima. Todo lo hemos

hecho nosotros mismos, lo que no quiere decir que hayamos improvisado. Cierto es que nos hemos improvisado actores, escenógrafos y directores de escena, pero de la siguiente manera: escogiendo cuidadosamente las obras, aprendiendo rigurosamente los papeles, estudiando la escenificación con esmero. En breve, no dejando nada al azar. Como en todo el teatro contemporáneo, hemos buscado unidad de conjunto, equilibrio, armonía. Entre nosotros no hay estrellas. Hemos tachado al primer actor y a la primera actriz. Todos son esenciales. Desde el telonero hasta los protagonistas. (30 de mayo de 1928)

Novo, Owen y Antonieta son los encargados del repertorio. Novo traduce y actúa con Antonieta *Ligados* (*Welded*) de Eugene O'Neill. Se montan también *El peregrino* de Charles Vildras y *Orfeo* de Cocteau. Antes de comenzar la primera representación, Novo lee un discurso:

Todos nosotros hemos renunciado a la pequeña vanidad de nuestros nombres literarios para vestir, por una noche, la máscara un tanto grotesca del actor, del que finge por dinero, y a costa de ello, interviniendo en terrenos que no son ni serán nunca los nuestros, queremos, advirtiéndolo desde un principio, hacer comprender que nuestro objeto es sólo que se conozcan las obras que hemos consentido en representar. Que ustedes olviden que somos Villaurrutia, la señora Rivas o yo esos que van a ver llamarse Orfeo, Miguel Cape, Eleonora. Como quien dice, hemos pasado al pizarrón a demostrar el binomio de Newton. Que el profesor, el empresario, nos deje luego volver a nuestros pupitres y seguir observando; si lo hemos convencido, que llame luego a los que viven de eso y que éstos adelanten en el camino. Será si sucede nuestro mejor galardón. (17 de mayo de 1928)

En 1928, la escena teatral en México se divide drásticamente entre la vitalidad un tanto "obscena" de las carpas y el género chico y la solemnidad del teatro a la española, benaventiano si les va bien, con los melodramas más extenuantes del mundo. El avance del momento es la renuncia de los actores al ceceo, a la dicción "castiza", y representar a O'Neill y Cocteau es introducir literalmente la sensibilidad contemporánea, las fracturas psíquicas, el lirismo absolutamente simbólico, lo incomprensible por alejado del desarrollo lineal de la trama y los personajes. Los autores mexicanos que surgen se someten al yugo del melodrama, intentan despertar a gritos agónicos la conciencia de los espectadores y se precipitan incendiariamente a la caída del telón. Los títulos de las obras casi son invitaciones a la huida: *Víctima de tu culpa, La flecha del sol, Lo que ella no pudo prever, Lo que volvió a la vida, Cosas de la vida.* Y este medio censura acerbamente al Teatro de Ulises por "descastado y extranjerizante". Villaurrutia defiende la legitimidad de la importación. "Exótico fue el Teatro de Ulises, porque sus aciertos venían de fuera: obras nuevas, sentido nuevo de la interpretación y ensayos de nueva decoración, no podían venir de donde no lo hay". (En *Textos y pretextos*)

En 1936 Novo publica en francés *El tercer Fausto,* en edición privada. La obrita es un alegato a favor de la homosexualidad. Alberto recibe al diablo en su estudio, le ofrece su alma a cambio de un milagro en su persona. Quiere transformarse en mujer y ofrece a cambio su alma. No se atreve a confesarle su pasión amorosa a su amigo Armando, por temer a perderlo para siempre. El diablo le propone justificarse con los clásicos ("es siempre elegante"), e invocar a Sócrates, Alcibiades, Aquiles y Patroclo. Alberto, misógino, no cree en esta técnica ("¡Ah! La humanidad confunde el amor con la vil procreación, y los hombres aman a las perras prolíficas").

El diablo sigue aconsejando. A las objeciones que se levanten por la naturaleza inmoral del amor *otro*, hay que deslizar una argumentación envolvente por el estilo de ésta: "Lo moral es lo que no daña a nadie, a ningún tercero. Inmoral, lo contrario. ¿Perjudica a alguien nuestro amor? No. Luego, nuestro amor es irrefutablemente moral, desde el más elevado de los puntos de vista". Alberto no se convence, contrargumenta. El diablo sugiere el alud de grandes nombres: Miguel Ángel, Wilde, Proust, Whitman, Verlaine, Gide. Alberto no confía en el método: "Si los libros lo pudieran inducir a amarme, yo ya no lo amaría". Y se desespera: "¿Qué le aparta de mí, tal como es, con los prejuicios de nuestra civilización, con ese gusto (aunque yo le probara que es adquirido y postizo) innoble por las mujeres?" El diablo, harto, le asegura que el alma de Alberto no le interesa. Al fin accede, lo transformará. "Puede tirar su Gillete desde ahora."

El segundo acto enfrenta a una mujer y Armando. Ella le afirma su amor sin esperanzas: "Vivir para una estatua que se podría animar si quisiera y hacernos dichosos". Él es recíproco: también vive la íntima tortura de una inclinación que no ha de realizarse nunca. Ella (la ex Alberto) ya sólo pide el secreto: ¿a quién ama? Y Armando, que oculta su rostro entre las manos, responde: "Amo –apasionadamente, secretamente– a mi amigo Alberto". Telón ultrarrápido.

Como se ve, se trata de una variante del cuento de O. Henry, "El regalo de los Reyes Magos", donde los esposos jóvenes se frustran al darse sus obsequios de fin de año. Ella vende su pelo para comprar un extensible para el reloj de Él y Él vende su reloj y le regala un broche para la trenza. Pero en el texto de Novo la alegoría del intercambio fallido se vuelve una proclama.

EL DIRECTOR, EL PRODUCTOR, EL FUNCIONARIO

En 1947, Novo llega a Bellas Artes a dirigir el Departamento de Teatro. Para el teatro infantil adapta *Don Quijote* (1947) y *Astucia* (1948), basada en la novela de Luis G. Inclán *Astucia, el jefe de los hermanos de la hoja o Los charros contrabandistas de la rama* (1865-66). En sus años en el INBA dirige *El Quijote* (1947), *Don Juan Tenorio* (1948), *El pasado* de Manuel Acuña (1947), *La danza macabra* de August Strindberg (1949), *Rosalba y los Llaveros* de Emilio Carballido (1950), *The Cocktail Party* de T. S. Eliot, en inglés (1950), *Los signos del Zodíaco* de Sergio Magaña (1951) y *La culta dama* (1951).

La culta dama se estrena en el Palacio de Bellas Artes con éxito que Novo es el más empeñado en divulgar. La expresión "culta dama", lanzada por Novo en la era cardenista como mofa de las señoras de sociedad, es el primer atractivo de la obra, y el segundo es suponerla escrita en clave. Acuden "familias aristocráticas", gente de cine, políticos, intelectuales. La crítica destaca de la obra su ataque a los prejuicios clasistas, y en *El Popular*, el único diario izquierdista, se le elogia sin restricciones; nunca un literato había tenido tanto valor para emplear tan directa y certeramente la sátira: "Algunos de los miembros de esa aristocracia dicen hoy, así se ha publicado en varios periódicos y revistas, que esperaban de Novo una versión mexicana de Oscar Wilde. ¿De dónde sacarían semejante disparate, como muestra mejor de su perfumada barbarie?" Y culmina la nota hablando del aplauso generalizado a la obra. "Ayer nada menos, en uno de esos lugares adonde el pueblo concurre a divertirse, se pudo escuchar este sistemático grito: ¡Viva Salvador Novo, hijos de la culta dama! ¿Qué mejor opinión?" (*El Popular*, 22 de septiembre de 1951)

En efecto, *La culta dama*, para su infortunio, no es una versión mexicana de Wilde, sino una puesta al día del melodrama fílmico que exige una presencia como Mimí Derba en *Ustedes los ricos*. Véase la trama: Antonia, la protagonista, recibe a Eugenia, embarazada, que trae una carta de recomendación de Carmen, amiga de Antonia, para que se le atienda en una maternidad. Antonia le promete ayuda, y en privado se duele de las correrías de su hijo y el ausentismo de su esposo, que juega golf. Ernesto, el hijo, quiere casarse con Carmen, dos años mayor que él, y Antonia se opone, empeñada en unirlo con Gloria, hija de una amiga íntima. Carmen amenaza a Ernesto: o se casa con ella o algo ocurrirá.

Se ofrece una fiesta en honor del cardenal, luego del bautizo del hijo de Eugenia, con la culta dama de madrina. Llega Carmen con Eugenia, su padre y su hijo. Estallan las revelaciones: Ernesto sedujo a Eugenia y huyó, Carmen es amante de Ernesto y todo es hipocresía. La culta dama expulsa a Carmen y a Eugenia de su residencia.

Tercer acto. Gloria, la novia frustrada, llega muy temprano a ver a la señora Antonia, a relevar a Ernesto de su compromiso y a inaugurar su autonomía:

> He venido a devolverle gustosamente su palabra. A abrazarlo, a felicitarlo, a agradecérselo. Ya sabía yo que usted se opondría, que hallaría como mi madre razones para inducirnos a pisotear el cariño de Ernesto por esa muchacha; razones para que llevásemos adelante esta especie de incesto infecundo que sería nuestro matrimonio para unir nuestros apellidos, para conservar las apariencias, todas las apariencias: la del amor, la de la felicidad, la de la fidelidad.

Ernesto se presenta, le reprocha a su madre la educación de niño rico y la falta de amor. Se despide porque se va con Eugenia y su hijo. Abatida, sola, la culta dama se redime al final:

> ¿Y qué esperamos? Corre por mi nieto. Y tráete a su madre. Tendré que instruirlo yo. Ya ves que las madres... ¡no saben educar a sus hijos!

El tono declamatorio se traslada también al otro éxito de Novo, *A ocho columnas*, estrenada el 2 de febrero de 1956 bajo la dirección del autor. La pieza es una denuncia de la corrupción periodística, en ese momento en su "Edad de Oro". El gobierno controla minuciosamente a la prensa, y la desinformación se considera un deber. Un periodista encarna la corrupción y la prepotencia de la prensa: Carlos Denegri, reportero estrella de *Excélsior*, periódico con el que Novo ha peleado y donde está prohibido mencionarlo. Éste es el contexto de la obra.

Los extremos de *A ocho columnas*: Carlos, el periodista joven, idealista, y Enrique, su amigo íntimo, ávido de poder y dinero, un discípulo obvio de Denegri. Carlos se niega a las maniobras ruines en contra del secretario de Salubridad, un médico honrado que fue su maestro y que atendió a su madre, y al que difaman los intereses económicos. Desesperado, Carlos expresa su furia moral en la conversación con Torres, el viejo periodista cínico:

> Guárdese sus ideas. Haga con ellas sus editoriales. A mí no trate de conmoverme, ni de persuadirme... De un golpe, lo he visto todo yo. El asco de una mafia que desde la impunidad de sus escritores maneja y deshace reputaciones y prestigios; que falsea la verdad, que calumnia y miente con el mayor descaro, porque al fin, con arrinconar una rectificación empastelada, si llega a ser preciso, con eso han cumplido, y Pilatos se lava una vez más las manos, y esplende inmaculada la gloria de la libertad de prensa. ¡Los intocables, los sabelotodo, el cuarto poder, los cimientos de la sociedad, los guardianes celosos de la moral, los censores adustos del gobierno que los subvenciona y los compra y calla retacándose el hocico con billetes!

A ocho columnas es muy posiblemente el hecho político y moral más abierto y comprometido de la obra de Novo. Allí descarga la irritación que su ajetreo social inhibe, y dice lo que piensa de un medio que exprime a sus protagonistas y los abandona en el vacío anímico, en la constancia de la inutilidad. Torres, el corrupto menor, se explaya al referir su deterioro:

> *Torres*: [...] Volví a verme en los principios lejanos de mi carrera: crédulo, fogoso, rectilíneo. Como su Carlos. Y después...
> *Celia*: ¿Después?
> *Torres*: Esto. Lo que usted ve. Lo que queda de mí, el triunfo del periodista sobre el hombre. La cáscara dura y amarga, que se cierra como una válvula sobre un corazón imparcial que no se puede permitir el lujo humano de tomar

un partido ni de ser leal a nada ni a nadie. El ejercicio lucrativo de la prostitución de la palabra, del don más alto y elocuente otorgado a la expresión del hombre, degradado a llenar cuartillas, columnas, planas; hacerla efímera, vacua, escandalosa y comercial.

La desdicha del teatro de Novo es, exactamente, su renuncia a su filo satírico, que sustituye con una retórica tan sincera como se desee, pero ineficaz por exasperada y declamatoria, y por usar personajes construidos de antemano. Sólo cabe imaginar los epigramas de Novo para esas obras, de no ser suyas.

"UN PÚBLICO MUY ESPECIAL, DISTINGUIDO, EXIGENTE..."

A la salida del INBA, Novo inaugura La Capilla, oportunidad de sólo pensar en el teatro, ya sin las exigencias burocráticas. El gusto de los espectadores está a favor suyo. Entre 1945 y 1960, para poner fechas, y no obstante el absoluto poder de convocatoria del cine, el teatro atrae al público burgués y de clases medias que se arroba con las actuaciones y discute las tramas en cenas y comidas. Al teatro, aula de las costumbres que emergen o se desvencijan, se va en busca de estremecimientos moralistas, de inspiración verbal y de los conflictos del sentimiento noble y la razón aturdida. Allí se descartan los hábitos que ya molestan y se adoptan las actitudes a estrenarse en el siguiente conflicto amoroso; allí se verifican los gustos de los ya atenidos al presente.

Se huye del teatro hispánico y la comedia de bulevar, el adulterio ya no cimbra a las familias, se incursiona en la vanguardia y se inicia la afición por la comedia norteamericana, la musical muy especialmente. Asistir a las obras de moda, rito de confirmación social, es proclamar como no queriendo las apetencias culturales. La lista de autores extranjeros y nacionales en algo evidencia el proyecto de una sociedad abigarrada y confusa, pero devota del buen decir, del ingenio, de la poesía verbal, del "drama de nuestro tiempo". Se llevan a escena obras de Jean Anouilh, Arthur Miller (*La muerte de un viajante*), Tennessee Williams, Jean Giraudoux, Camus, Sartre, Irving Shaw (*Enterrar a los muertos*)... Continúan George Bernard Shaw, Wilde, Pirandello, Chéjov, Cocteau, García Lorca. Si el estar a medio camino de la americanización y del nacionalismo evita la rendición incondicional a las traducciones de Broadway, la sociedad ya no se resigna a los Álvarez Quintero, Arniches y Alejandro Casona. *Exit* las hermanitas Blanch. Entra Manolo Fábregas con *My Fair Lady*, y un buen número de asistentes de ambos sexos se identifica con el ser pigmalionizado Eliza Doolittle, esta vez reeducada por la prosperidad. Persisten –en visitas anuales– la actriz española Margarita Xirgu, que trabajó con García Lorca, y la declamadora argentina Bertha Singerman. Propuestas y obras como las de Rodolfo Usigli (*El gesticulador, El niño y la niebla*) vienen a menos.

Novo, luego de *A ocho columnas*, publica piezas sin demasiada consistencia. Si su contribución al cine es más bien ineficaz (la única película en la que se nota su presencia en los diálogos es *El signo de la muerte* con Cantinflas), su teatro satírico nunca consigue un público real. Ni *Yocasta o casi* (1962), ni *El espejo encantado* (1966), contienen algo más que líneas afortunadas. Sólo los *Diálogos* (1970) poseen cierta calidad escénica, no obstante su costumbrismo. Son envíos paródicos entre Adán y Eva, la Güera Rodríguez, una celebridad del virreinato, y la Estrella (María Félix), Sor Juana y Pita Amor, Malinche y la emperatriz Carlota, Diego Rivera y una periodista norteamericana, el emperador Cuauhtémoc y la investigadora Eulalia Guzmán, que ha "descubierto" los restos del emperador en Ichcateopan, Guerrero. Un ejemplo, la Güera Rodríguez se percata de las, por así decirlo, debilidades informativas de María Félix.

La Güera: A ver si por otro lado. ¿No te dice nada el nombre de don Artemio de Valle Arizpe?
María: ¿Es usted su abuela?
La Güera: Más bien, en cierto modo, su hija.

María: ¡Qué viejo es don Artemio! ¡Quién lo dijera!

La Güera: Bueno; él no me engendró, realmente. ¡Pero sí me resucitó! ¿Conoces a don Artemio?

María: Sí. Es un viejo malcriado.

La Güera: Un poco, sí. Yo no puedo enfadarme con él. Al contrario. Me ha divertido mucho leer el libro que escribió sobre mí.

Cuando llegue acá –lo estoy esperando–, voy a aclararle muchos puntos, y a darle datos nuevos para sus ulteriores ediciones. ¿Por qué dices que es un viejo malcriado? ¿Te ha hecho algo?

María: Una vez, en un restaurante. Iba yo con Agustín –entonces estábamos casados–, y Agustín se adelantó a saludar a un señor muy chistoso, con grandes bigotes y una sortija exagerada. "María –me dijo–, te presento a don Artemio. Ya sabes quién es, ¿verdad?" Yo naturalmente, dije que no, como era cierto, y Agustín se puso muy colorado y dijo: "Qué pena, porque en cambio, claro, don Artemio sabe muy bien quién eres, ¿verdad, don Artemio?" Y entonces, ese viejo malcriado, ¿sabe usted lo que dijo?

La Güera: No. ¿Qué dijo?

María: Pues dijo: "¡Ay, claro, quién no conoce a Pituka de Foronda!" ¡Figúrese! ¡Confundirme a mí con Pituka de Foronda!

La Güera: ¿Y lo supo Pituka de Foronda?

"LO TERRIBLE ES HABER PENSADO" (*ESPERANDO A GODOT*)

Novo, en este período, monta *Esperando a Godot,* una obra en cierto sentido más radical que *Un tranvía llamado deseo.* (Falta mucho para la comprensión del antiteatro.) Y los asistentes a La Capilla se asombran ante la obra de Beckett, le atribuyen su azoro a su incomprensión de "lo actual", y le añaden su aburrimiento entusiasta a la cuenta de lo que alguna vez entenderán (hablo por experiencia). Y se subraya una diferencia de funciones: si el cine toma a su cargo los trámites de la modernidad ("Así te vas a comportar"), el teatro es literalmente un curso para eternos principiantes, y el público coteja sus semblantes y examina con avidez las reacciones en caso de drama (el destino detrás de la puerta) o comedia (las costumbres que envejecen o rejuvenecen). En el teatro se entrenan las sensibilidades en vísperas de los cambios indetenibles.

Novo no le hace mucho caso o no percibe el experimento más fructífero de esta etapa, Poesía en Voz Alta, de la UNAM. Si Seki Sano usa del teatro norteamericano para captar el interés creciente en los temperamentos autodestructivos o negados a la modernización, Poesía en Voz Alta, con Héctor Mendoza, José Luis Ibáñez, Juan José Arreola, Rosenda Monteros, Nancy Cárdenas, Juan José Gurrola, los decorados de Leonora Carrington y Juan Soriano, y la dirección literaria de Octavio Paz, anuncia la emergencia del director como el centro, y, al sacralizar la palabra, le concede al juego escénico un papel fundamental. A la par de la literatura, se elevan la fluidez corporal y la agilidad de la representación. (Esta propuesta no cuaja en demasía por el largo entrenamiento melodramático del público.)

XIII. Que al espejo te asomes, satisfecho
(Los sexenios de Adolfo Ruiz Cortines y Adolfo López Mateos)

■

En el período presidencial de Adolfo Ruiz Cortines (1952-58), el antiguo impugnador de las buenas costumbres inaugura su teatro y restaurante, La Capilla, donde dirige obras, entrena autores y supervisa la cocina. En este contexto, las crónicas semanales admiten ser leídas como el derrotero de un cansancio (el agotamiento de los recursos de combate) o como la culminación del magisterio de buenas maneras de la clase gobernante. Si se quiere, la actitud es atribuible a la época: si entre 1920 y 1940 el impulso de la revolución auspicia a contracorriente a los heterodoxos políticos y morales, y si Novo *provoca* en los diversos sentidos del término, es porque eso exige el cultivo de la personalidad y a eso autoriza la turbulencia social. Una década más tarde, imperan reglas inflexibles: todo es o debe ser institucional, y a la disidencia no imaginada no le hallan sitio ni el régimen ni la Buena Sociedad (esa combinación de apellidos "que algo dicen" y de prestigios inmanentes). Los comensales de La Capilla desdeñan lo que no es perfectamente propio, agradable y plácido.

Diego Rivera baila cha-cha-chá y el escenario se puebla de figuras tranquilas y, como se debe, respetables. Se evaporan los generalotes, los políticos zafios y los radicales a lo Francisco J. Múgica, y en el "sueño de eternidad" lo antes secundario se vuelve lo principal. En La Capilla, Novo departe con los altos funcionarios, los profesionistas connotados, los empresarios. La nadería se encumbra y Novo sonríe, atiende explicaciones, lanza agudezas, improvisa epigramas, comenta las excelencias de la comida internacional o de los platillos aztecas, toma notas mentales para su siguiente artículo. Mientras, todas las actividades de la élite disponen de ansiedad pedagógica. Se aprende a ser internacional (o *cosmopolita*, como algunos quieren) en viajes a Nueva York y París, en reuniones donde el saber gastronómico es el tema obsesivo, en excursiones a la ópera, en bailes de caridad, en la práctica del week-end en Cuernavaca y Acapulco, en idas al teatro. (Hay que dejarse ver en escenarios de cultura; la mujer del César y el César mismo no sólo deben creer que existe el Espíritu, sino también patrocinar algunas de sus representaciones.)

Se extingue la amenaza que representó en 1952 el candidato presidencial Miguel Henríquez Guzmán, gran desafío electoral que el fraude y la represión disuelven, y la Buena Sociedad se dispone al goce irrestricto. Tiene a su servicio el conjunto de residencias (con jardines que permiten la reflexión peripatética), la comida exquisita, las ideas como decoraciones de sobremesa, la aceptación del orden imperecedero del PRI, el auspicio o fomento de las dinastías (es curioso: muy pocas de las mencionadas por Novo cuajan como tales, por no asentarse en el capital financiero), la entronización del moralismo, la religiosidad epidérmica sin la cual no se ameritan los prestigios sociales. Y en la élite cunde algo parecido al rubor edénico: la sensación de estar de moda o, más exactamente, de estar en el centro dispensador de modas y anacronismos. Los anfitriones y la clientela de Novo, asediados por las columnas de sociales, vanguardia del Tout Mexique, se creen todavía en la etapa previa, cuando un puñado de personalidades y familias le infundía un nuevo sentido urbano a la capital.

Los ataques no cesan pero es notable la técnica para desarmarlos. Novo es jurado en 1958 del concurso de teatro que premia *Medusa,* obra de Emilio Carballido. En el semanario *Siempre!* Luis Spota, que había concursado, redacta un artículo: "La culta dama inventó un nuevo guiso: *Medusa*", que denuncia la conspiración de los "raritos" para adueñarse de la escena mexicana. A la siguiente semana, Novo responde burlándose de los argumentos y de una virilidad "que no es así como se ejerce". Con la carta dirigida al director de *Siempre!,* José Pagés Llergo, al que llama "Ex querido Güero Pagés", envía, para remplazar a las del archivo, ya muy vistas, fotografías altamente provocadoras.

El núcleo triunfador que Novo describe, elogia y distribuye en la mesa, cumple con lo exigido por domingos familiares y días festivos, y se moderniza en todo aquello que lo distiende y lo instala en el confort. Sí, lo que vivieron los padres y los abuelos es entrañable, pero el ingreso vandálico a la modernidad es *very exciting*. Si algunas costumbres todavía disponen de pátina, Las Familias se disponen a la negociación incesante de las tradiciones. En las atmósferas donde, cada vez más, sólo se le rinde *lip service* a Lo Antes Inmodificable, así se le observe amorosamente, casi todo se concentra en el canje de mentalidades. De hecho, en este período el ritmo de los aceleramientos preside la definición de conceptos clave: buen gusto, tradición, diversión, amplio criterio, honra. Y se vive crédulamente la división del tiempo personal y colectivo en etapas de gobierno, lo que Novo llama "el sistema métrico-sexenal".

"ALL THE WORLD IS A STAGE"

En el sexenio de Ruiz Cortines, Novo intensifica lo ya vivido durante el gobierno de Alemán, pero sin las veleidades ideológicas que lo condujeron al Partido Popular. El teatro se vuelve el eje de sus afanes personales y creativos, y gracias al conocimiento puntual de los espectadores (del teatro y de su teatro, La Capilla) diseña el público ideal que, de verbalizarse, sería el de una sociedad que abandona el afrancesamiento por la americanización, resulta conservadora o liberal según el tema que se trate, y es un poco menos asustadiza ante la moda cultural que, nada más por serlo, exige rudimentos del Amplio Criterio. La devoción escénica le da a Novo el horizonte social y psicológico que precisa. Ya posee identidad estatuaria: es *Maese* Novo, el de la agenda sin resquicios, el aliado de sus antiguos inquisidores, el gobernante de un espacio teatral donde es empresario, director, traductor, adaptador, actor ocasional, anfitrión, comensal. Y La Capilla, el capricho de Novo, es sitio al que acude quien desea mudar de status cultural o reafirmar su mudanza.

Según Proust, el chisme es saludable en la vida social, pues "impide dormirse sobre la visión que tenemos de las cosas y que es sólo su apariencia. Con la destreza mágica de un filósofo idealista le da la vuelta y nos presenta con rapidez un trozo insospechado del reverso de la tela" (*Sodoma y Gomorra*). Y una forma culminante del chisme es contarles a los que jamás tendrán acceso a los cocteles y las sesiones de bridge, el impulso de la concurrencia, los menús y la ronda de casamientos y defunciones. Y el chismoso bien puede presentarse como el mensajero de las alturas.

Novo usa de sus columnas como pedestal. ¿Por qué no? Sabe al detalle sus virtudes y negocia la ubicación jerárquica. Resistir está bien cuando se es joven, pero a Novo le urge certificar los elogios de ese representante de la posteridad, él mismo. En lo básico, sus crónicas de la era de Ruiz Cortines relatan el disfrute de la aceptación. Novo ha padecido en demasía y ha gastado su fortaleza psíquica en la resistencia al machismo. A la hora del trueque de funciones, se convierte en el Anfitrión, el Director de Escena y el Gran Cocinero. Ir al restaurante de La Capilla es codearse con *The Top*, y sus puestas se vuelven imprescindibles. Novo, antes ridiculizado y temido, es de pronto el objeto del afecto maledicente y el afecto vivísimo de un sector muy amplio.

Para neutralizar las inhibiciones de sus comensales y espectadores, *Maese* renuncia a la malevolencia, o la escancia de vez en cuando en sonetos y décimas privados. Pero tampoco olvida su trayectoria: es una leyenda citadina, es decir, alguien precedido por su fama, necesariamente mala y buena. Lo elogiable es la inteligencia, la prosa, el ingenio que perdura por sus facilidades mnemotécnicas (Novo, tradición oral). Lo negativo: las referencias a su conducta, sus poses, el relato incierto de aquellos desmanes sexuales del tiempo en que la mayoría de los oyentes no se enteraba o no había nacido. La admiración y la (cada vez más falsa) reserva moral se transmiten de generación en generación, y el marginado y celebrado por antonomasia se propone domesticar a las Familias (aquellas susceptibles de ocupar butacas, dar cenas y enterarse con fascinación de lo que Novo dijo en otras reuniones). El momento es de apertura, al ya asilarse la Revolución en los libros de texto, y al alternar una Sociedad de Parejas con los actores y actrices de cine y teatro (antes cómicos de la lengua) y con las "comaladas de millonarios" que va arrojando la política. Y el paisaje de estas transacciones morales y culturales es señaladamente burgués, adjetivo que empleo con énfasis descriptivo y no peyorativo (así mi intención sea peyorativa).

En estos años Novo mantiene a su grupo de amigos íntimos y lo alterna con la nueva élite, con los empresarios y financieros, con los actores que le son probadamente fieles. ¿Por qué no? Ha suspendido su diálogo con los iguales, o se reúne con ellos para comentar los pequeños problemas (la vida diaria) y la solución al alcance de la buena voluntad (el gobierno de la República). Por lo demás, es significativa la distancia de Novo respecto de sí mismo, o respecto de aquel que fue, que le divierte pero cuyo regreso le molestaría. El rasgo que perdura es el vigor del *Estilo*, lo que lo distancia de los demás, la manera singularísima de hablar y de aparecer en público promoviendo sus guisos y sus obras. Y así siga siendo *too much* (como ya se dice), ahora Novo encauza las pretensiones de aquellos que gracias a él vislumbran escenas de la élite del arte y del espectáculo, por ejemplo la entrega a una estrella de su retrato hecho por Diego Rivera:

Silvia Pinal vive muy adentro de los Jardines del Pedregal –en la avenida de las Fuentes. Cuando llegué, Diego y el Indio Fernández contemplaban el retrato, y se disponían a colocarlo donde se viera mejor. Diego me recibió muy afectuosamente. Está muy bien, muy bien de aspecto y de salud. Emilio y yo nos quedamos platicando en un salón de piedra y cristales, mientras Diego subía al principal a colocar el cuadro. Una triple Silvia, de frente al público, pero de espaldas a un espejo que refleja su figura, y junto a una pared en que se proyecta su sombra. En el suelo un papelito donde se lee más o menos: se acabó este retrato el 3 de noviembre, santo de la bella artista y gran dama Silvia Pinal. Lo pintó con admiración Diego Rivera.

Silvia bajó a invitarnos a subir al salón. Es monísima y muy simpática. Tan natural, tan fresca, sin maquillaje alguno. Ya empezaban a llegar los invitados. Los primeros fueron los Stierle, Angélica y Edmundo –también los primeros en irse. Luego muchas más personas: Justino Fernández, que no estaba presentado con Silvia; el rector Nabor Carrillo y su esposa, el doctor Del Pozo y Carmela, Judith Van Beuren, Lupe Rivera Marín, luego Ruth; Aline y Ruth Misrachi... No había mucha gente de teatro. Casi nadie. (24 de noviembre de 1956)

Novo preside sobre la generación del espectáculo que sucede a la de las Grandes Personalidades. Quedan algunas (Cantinflas, Dolores del Río, María Félix), pero, de acuerdo con el espíritu forzadamente democrático, quienes suceden a la aristocracia de la "Época de Oro" son ya gente como uno o no demasiado distinta: Gustavo Rojo, Carlos Ancira, Héctor Gómez, Virginia Manzano. A lo mejor Marilú Elízaga es aristócrata y Gómez de la Vega y María Douglas son Monstruos Sagrados, pero el pasmo ante las figuras ha concluido.

Si Novo se prodiga en cortesanías y banalidades, las crónicas son sin embargo interesantes y legibles. Así sea tan precaria la sociedad a cuya glorificación se contribuye un tanto en vano, la prosa pone de relieve el atractivo del paisaje. Ególatra y rencoroso, feliz en demasía de sus incursiones en televisión y teatro, Novo continúa siendo el escritor agudo y omnipresente, dispuesto al aburrimiento último con tal de presenciar, día con día, la feria de las vanidades.

"DISOLVENTE DE LA MORALIDAD"

El inevitable Wilde sentencia: "Una pasión exorbitante por el placer es el secreto de la juventud perdurable". Novo no se engaña, el placer a su disposición, el menú de honores y platillos excelsos, no compensa la ausencia del sexo y el ligue. En buena medida la impresión de hastío, tan constante en su etapa final, se desprende de su resignación ante la pérdida de "la vida verdadera", la descrita en *La estatua de sal*. Si continúa el amaneramiento (el "espejo" de su identidad), Novo localiza en sus lecturas freudianas el discurso de la normalización. Gracias a los dictámenes de la ciencia, el excluido se incluye hasta donde es posible. Ya Freud ha señalado: "Todos los hombres son capaces de elegir objetos homosexuales y ejercen su elección a través del inconsciente". Y Novo se obstina en descifrar las señales del inconsciente.

Hasta el último día Novo le rinde culto al Camp y sus estrategias. A su manera sabe que "el Camp es un disolvente de la moralidad. Neutraliza la indignación moral" (Susan Sontag). La vida es teatro y el cultor del Camp dispone de los actos y los telones que necesita su esteticismo, y, aunque disminuido, el humor, exaltado por la destreza verbal, es su camino a la identidad positiva, y le permite, casi hasta el final, manejar los temas que le importan con el distanciamiento pertinente, la técnica descrita adecuadamente por un personaje de *A World in the Evening,* la novela de Christopher Isherwood: "No puedes transformar en Camp algo que no consideras con seriedad; tú no te burlas *de eso;* tú extraes *de allí* la burla. Lo que básicamente te resulta muy serio lo expresas en términos de diversión y artificio y elegancia". Doy un ejemplo típico y clásico de Novo: el soneto que aboga por la claridad expresiva, y para hacerlo canta las excelencias de un escritor conocido:

A Salvador Cordero

En el ir y venir del calorífero,
ancho del anterior anhelo suyo
del sí en el no del otro ciclo cuyo
desenvolverse fue tan salutífero,

el estado limítrofe y mortífero
pauta del esperar en el barullo
colegial en redor de Garambullo
salió, como la leche del mamífero,

Rafael Giménez Siles, Emmanuel Carballo, Francisco de la Maza, Emilio Carballido, Carlos Monsiváis, José Emilio Pacheco, Dolores del Río y Carlos Pellicer. Pacheco es preciso: "Al rendir este homenaje a Salvador Novo no defendemos ésta o la otra actitud literaria, tal o cual posición política; defendemos para el México de nuestros días y de los días futuros la porción tal vez más valiosa de nuestra herencia cultural: nuestra tradición de heterodoxia y rebeldía". Dolores del Río es muy personal: "No sabes el gusto que me da proclamar este día la admiración y el cariño que te profeso. Somos amigos y vecinos, desde hace muchos años. En la mía, eres como de casa; y cuando yo visito la tuya, me siento en la mía". Carlos Pellicer elogia su triunfo sobre los prejuicios:

Ninguno de nosotros, los del grupo llamado de los Contemporáneos (¿No somos ya más bien los Extemporáneos?), ha sido tan audaz para vivir, viviendo, como Salvador Novo. La acción poética así se ha desarrollado en él y con la espontaneidad de quien no ha perdonado al espejo la duplicación de la realidad. Pero él sabe que detrás del espejo nada hay, y así, por eso, con frecuencia saca la castaña con la mano del gato.

Novo da las gracias "desde el fondo de mi sexagenario corazón" y en su texto continúa sacralizando el envejecimiento de los sesenta años:

Doy ciertamente de barata la pública proclamación de una ancianidad que me acercaría a la jubilación y el retiro —si lo hubiera en esta profesión en que sólo lo dicta, despiadado y certero, el abandono de los lectores que sustentan a un escritor. La doy de barata si es el precio de la satisfacción incomparable que experimento al ver que todas mis fallas personales y defectos múltiples, mis frustraciones, mis limitaciones, se hacen hoy a un lado en absolución generosa de ellos, para invitarme a proseguir

178

en el claro moverse del pistilo
al polen del pasado venidero,
que es semilla en la flor, grano en el Kilo.

Patanes, esto no es un erradero,
sino un quemón del elegante estilo
de mi tocayo Salvador Cordero.

"LA CUENTA YA PERDIDA"

El mayor desgaste: tener éxito en la repetición. Novo, con energía exultante, cumple veinte o cuarenta compromisos a la semana, y en el sexenio de Adolfo López Mateos (1958-1964) ve acercarse su consagración. Mientras, produce artículos, dirige teatro, publica libros con textos más bien apresurados, e incluso letras de canciones. La mejor de ellas, cantada magníficamente por Lola Beltrán en su concierto de Bellas Artes, es "Cuenta perdida", con música de Eduardo de Florez:

Nos volvimos a encontrar después de tanto
que al mirarte me dio un vuelco el corazón.
Si tu imagen se ha borrado con mi llanto
¿cómo el llanto no apagara mi pasión?
¿Que volvamos a empezar? ¿Que te perdone?
¿Que no miras que soy otro, y otra tú?
Si te acepto es porque quiero que me abone
la desgraciada vida,
la que me abrió esta herida,
la cuenta ya olvidada,
la cuenta ya perdida
¡que no alcanzó a pagarse con nuestra juventud!

"No se le ocurra a usted desarreglar el Caos. Es peor." Los enemigos de la promesa, los cronófagos (la palabra de Goethe para designar a los devoradores del tiempo ajeno), le invitan sin cesar a los actos infinitos en que se divide el Ascenso Social, y él acepta para afirmar la fama con la pre-

175

sencia. Y en la dispersión, el elemento que unifica es el sentido jerárquico. Novo pertenece a la corporación a la que se ingresa por invitación exclusiva, es un ser excepcional en su entender, y quien lo trata debe reconocerlo así. Al periodista Jaime Valdés le reprocha varias inexactitudes, y la peor de todas es el agravio a su jerarquía:

Y por último, yerra al transcribir el saludo entre Beatriz Aguirre y yo. Beatriz no me tutea. Yo sí, por mi edad, me siento autorizado a tutear a todos mis alumnos antiguos o actuales; pero ellos a mí no. Ni ellos se atreven ni yo se los permitiría. Cuando alguna vez alguien en esas condiciones se salió de la regla y correspondió a mi tuteo, restauré inmediatamente el usted como una barrera definitiva entre nosotros. Del ambiente teatral, y a causa sin duda de que nos hemos conocido en otro, y de que no han sido mis discípulas, las únicas que corresponden a mi tuteo o yo al suyo son Marilú (Elízaga) y Dolores (del Río). De Kitty (de Hoyos), tardé en acostumbrarme a tolerarle el tuteo, y más tardaron los muchachos que se sentían incómodos cada vez que en los ensayos, se dirigía a mí sin el respeto con que todos los demás abordan al "maestro". (21 de noviembre de 1959)

La inmersión en la vida teatral y en la Buena Sociedad por un lado, y la pasmosa tranquilidad social por otro, habitúan a Novo a la idea de tantos modos expresada en sus artículos: en México la Historia ya no ocurre, ha devenido la red de instituciones, sitios prefijados y fijos en la cumbre y una movilidad selectiva a modo de lotería del Progreso. La represión a los movimientos sindicales independientes, el "vallejazo" (la destrucción con policía y Ejército del movimiento ferrocarrilero dirigido por Demetrio Vallejo) y su cauda de presos por "disolución social", la corrupción ostentosa de los dirigentes priístas, los convenios entre funcionarios y empresarios, de nada de esto se entera ya Novo, o si lo hace es con alarmismo o complacencia de gran propietario. Y el Yo es la obsesión

absoluta, el aprecio de los dones que no se ejercieron desidia o por elegancia anímica. El 17 de enero de 1 reflexiona en la voz alta de las "Cartas":

Me sobreviene el recuerdo de una observación hac tiempo, de Eduardo Villaseñor: que ya llevaba yo mu tiempo de demostrar que soy inteligente. ¿Y qué más qué fin perdurable, cuajado, creativo, he aplicado esa ligencia que propalo con la misma vacua frecuencia que me la atribuyen o me la reconocen? ¿Dónde es libro definitivo? ¿O la fortuna?, ¿o el hijo?, ¿o la obra? va a pasar lo que a Micrós, que cincuenta años despu muerto, alguna alumna norteamericana de la escuela d rano se ponga a hurgar en los periódicos y a reun paja, para dar en ella con la aguja de unas cuantas f que valga la pena preservar, rescatar?

El presidente López Mateos va a comer a La Capilla ministros y los banqueros frecuentan a Novo y atesora frases, pero a su inteligencia propalada ya no le inter juicio crítico, sino el ejercicio de su muy particular retó el envanecimiento de admitir el fracaso probable que el evidente hace a un lado.

"DESDE EL FONDO DE MI SEXAGENARIO CORAZÓN"

El agobio de ser "escritor de domingos", de no esta altura de la promesa que fue, de no poseer nunca po ro el respeto social, deja de ser en Novo, ya figu Establishment, la cima de su impecable amor por la c (su verdadero secreto). ¿Qué caso tiene condolerse distingue sin cesar? El 20 de agosto de 1964, al c sesenta años, se le ofrece un homenaje en el resta Ambassadeur, con cerca de doscientos comensales. La ción la firman Jaime Torres Bodet, José Gorostiza, Chávez, Carlos Guajardo, Martín Luis Guzmán y lo oradores: Héctor Azar, Augusto Elías, Ignacio López

los días que me restan de vida, en la búsqueda de la mejor expresión de lo que pienso y de lo que siento. (En Antonio Magaña Esquivel, *Salvador Novo*, Empresas Editoriales, 1971)

XIV. "Yo recibí legado, eslabón y simiente"
(Los años del presidente Gustavo Díaz Ordaz)

∎

Tiempo de honores. El 5 de noviembre de 1965 el presidente Díaz Ordaz lo designa Cronista de la Ciudad de México, distinción antes recibida por Luis González Obregón y Artemio de Valle Arizpe. En 1967 recibe el Premio Nacional de Letras. Hasta donde le es posible, Novo continúa suprimiendo su perfil de escándalo y subraya la erudición y el apego a lo tradicional.

El 14 de marzo de 1968, flanqueado por María Félix y Dolores del Río, Novo es ya epónimo: la calle donde vive desde hace 27 años ostenta su nombre. Su agradecimiento es desbordado:

> He sentido que la Historia se hace, se forja, todos los días: que esta ciudad nuestra –sus hombres, su progreso constante, la obra continua de sus gobernantes revolucionarios, de sus instituciones; los oleajes de sus nuevas y mejor equipadas generaciones—, suscitaba en mi vocación de escritor la admiración que me impulsara a verterla en libros, artículos, ensayos, clases y conferencias.

NINGÚN DÍA SIN LÍNEA, NINGÚN DÍA SIN RECONOCIMIENTOS

La complejidad del estilo de Novo no lo vuelve menos legible. Lo que sí lo limita es el empeño de "licitud", de "entrar a los hogares". A Novo la persecución lo estimula y la tolerancia (el "indulto moral") lo desarma, lo vuelve anacrónico y en momentos disminuye su lucidez. Públicamente, extrae de su vida conclusiones melodramáticas. Se obstina en quejarse de los estragos de la edad y, con patetismo, le canta al hijo no tenido:

Yo recibí legado,
eslabón y simiente
a eternizar la vida destinado...
Pero heme aquí, ya al borde,
a la orilla del Tiempo y la ceniza,
eco sin voz, con ella desgarrada;
depósito de siglos en derrota,
muerte triunfal en árido balance,
consumada traición, desistimiento
del Divino mandato
que urdió en amor el río de mis venas
secas hoy –por mi culpa– para siempre.

(De "Mea culpa",
fechado el 8 de enero de 1968)

Nunca sin embargo prescinde del todo de su muy personal tradición. Me remito a una escena de 1966. Raúl Salinas Lozano invita a su casa a Jaime Torres Bodet, Paco Martínez de la Vega, Abel Quezada, Alberto Isaac, José Emilio Pacheco y Salvador Novo entre otros. En un momento dado, Novo hace un aparte y se polvea. Me le acerco y le pregunto: "¿Qué pasa, maestro?" Y me responde: "Me gusta provocarlos. Cuando ya se acostumbran a uno, hay que echarle leña al fuego". Y sigue polveándose.

En enero de 1968, Novo asiste como uno de los protagonistas centrales a la filmación de *México, ciudad de los setentas*, una película de tesis casi hipnotizante: si París fue la ciudad descollante en el mundo de los años veinte, si Nueva York lo fue de los cuarenta y Londres lo ha sido de los sesenta, le toca a México ser la ciudad de la década que viene. La película, que nunca se exhibe, se filma en casa de Dolores del Río, y entre los testigos de la significación planetaria de la capital, se encuentran también Rufino Tamayo, Cantinflas, Pedro Ramírez Vázquez. Ese universo, comprensible por entero, se derrumba en unas semanas, y Novo, privado ya del sentido del humor, no capta la enormidad del cambio.

En julio de 1968 estalla el movimiento estudiantil en contra de
la represión policíaca. A los estudiantes les indigna la agresión
salvaje de agentes judiciales y granaderos en el Zócalo el 26 de
julio, y la toma por el Ejército, con bazucazo de por medio,
de la Preparatoria de San Ildefonso el 29 de julio. A la impuni-
dad del autoritarismo se responde con la huelga de la UNAM y
del Instituto Politécnico Nacional, y la emergencia del Movimiento estudiantil. Llevado por su conservadurismo y su
amistad con el presidente Díaz Ordaz, Novo condena a los
estudiantes:

Se ha sabido hoy que a altas horas de la noche, de acuerdo
al secretario de Gobernación –autoridad ejecutiva en funciones por ausencia física del señor Presidente en gira por
Colima y Jalisco– y el jefe del Departamento del DF, la policía fue relevada por el ejército para que éste cumpliera su
misión constitucional de preservar un orden que los estudiantes se empeñaban en quebrantar. Y que rescatar la
Preparatoria, convertida en cuartel general de los agitado-
res, fue obra de quince minutos. Los periódicos de hoy
traen abundantes fotos de los "rebeldes": muchachos de
catorce y quince años, instrumentos ciegos de consignas
oscuras.

   ¿Qué quieren, qué pretenden, qué combaten estos adolescentes? Ni ellos lo saben, ni quienes los incitan y mane-
jan se los dirán. La entrevista del líder de los motines pari-
sienses con Sartre, que publicó el último *Hoy*, es bastante
clara al respecto: no dirán lo que quieren; no presentarán
un plan; su objetivo es el caos, la confusión, la destrucción.
¿Puede éste ser el pensamiento de los jóvenes mexicanos?
¿Obligar al gobierno a cerrar las escuelas y las universida-
des que ha erigido y abierto y sostiene como país alguno lo
hace, con el sacrificio del pueblo contribuyente y para el
disfrute de una parte privilegiada y mínima de ese pueblo

–que es la que inconcebiblemente procede así contra sí misma? (Julio de 1968)

De nuevo a Novo lo consagra el escándalo, esta vez bajo la forma del repudio moral. El 18 de septiembre el ejército invade la Ciudad Universitaria y detiene a centenares de personas. Al día siguiente –informa Antonio Saborit en su excelente prólogo a *La vida en México en el período presidencial de Gustavo Díaz Ordaz*– Novo asiste al velorio del poeta León Felipe en el Palacio de Bellas Artes. Allí habla con un reportero:

> Dijo [SN] que los que han violado la autonomía de la máxima casa de estudios fueron aquellas personas que utilizaban a la misma para otros fines.
>
> Al ser interrogado sobre la ocupación militar de la Ciudad Universitaria, Novo afirmó no estar enterado de lo ocurrido.
>
> "Vaya... vaya... Es la primera noticia, y muy buena, que recibo en el día. Dígame, ¿cómo pasó? (*Excélsior*, 20 de septiembre)

En esos días se lee compulsivamente la prensa, y la declaración de Novo irrita sin remedio. Y el rencor machista se filtra al amparo de la descalificación política. Los estudiantes lo consideran su enemigo, los intelectuales partidarios del Movimiento estudiantil (la mayoría) condenan su actitud y la de otros escritores notables: Martín Luis Guzmán (director de la revista *Tiempo*) y Agustín Yáñez (secretario de Educación Pública), como también la de articulistas, el filósofo Emilio Uranga por ejemplo. La nota del "Diario", del 25 de septiembre de 1968, tiene un tono dramático:

> El sábado amanecí al dudoso honor de verme equiparado con don Hernán Cortés, en la medida en que manos cobardes pintarrajearon en "el papel de necios" de su casa de Coyohuacan los primeros pasquines de la Nueva España. En la puerta de mi casa y en el muro de piedra, aparecían

expertamente trazados con pintura roja de aceite varios letreros. El chofer ya había borrado con gasolina los de la puerta, que decían: "Novo con los soldados", pero en el marco todavía se veía: "Novo, escribe la crónica de la toma de la UNAM"; y en la barda, con grandes letras muy parejas y bien distribuidas: "Popular entre la tropa".

Novo se pregunta qué hizo para "merecer el honor de compartir" con el presidente Díaz Ordaz la vileza de los anónimos. Y le atribuye la andanada a la nota de *Excélsior*, "incompleta y sensacionalista". Y con tal de no parecer cobarde, se niega a aclarar lo que verdaderamente dijo. Tiempo más tarde le da su versión a Miguel Capistrán: "la mejor noticia" a la que aludía era la aparición de su libro *México*. La explicación difiere de la publicada por él mismo:

Lo que textualmente opiné y el reportero condensó fue que la violación de la autonomía universitaria la habían perpetrado quienes sustrajeron sus edificios e instalaciones a su función propia; quienes los convirtieron en moteles, dormían en los cubículos alfombrados de los Institutos, despojaban de las camionetas a sus directores y las empleaban en maniobras estratégicas; quienes convirtieron en radio-Cuba a Radio Universidad, y desde ella propagaban la subversión. Pues así las cosas: incapaces las autoridades universitarias de restaurar el orden, lo que el ejército había hecho era rescatar un bien de la Nación, para devolverlo a la normalidad de sus funciones; no, pues, violar ni profanar un recinto violado ni profanado antes.

En vez de publicar esta amplia respuesta que hoy reitero, lo que en ese diario apareció fue que yo había calificado de muy buena noticia lo de la ocupación por las tropas de C.U. Y hay su diferencia. No podía parecerme buena tan triste noticia; pero trataba de señalar las cosas, por todos conocidas, que la provocaron, y que tampoco podían parecerme buenas, ni alegres. (30 de septiembre de 1968)

Es peor la rectificación. La noticia no es buena, afirma, pero el hecho fue más que necesario. Y Novo no se detiene en sus versiones por entero calumniosas del Movimiento estudiantil. En *Novedades* y en *El Sol de México* insiste en la diatriba. Con el seudónimo de Cronos se burla: "Que entre los estudiantes que andaban fuera de las escuelas, y los soldados que andaban fuera de los cuarteles, todo acabe en un amoroso bazuqueo" (*Novedades*, 19 de septiembre de 1968). También, se mofa de Octavio Paz (su poema sobre la matanza de Tlatelolco, "resultó corrido") y arremete contra Carlos Fuentes por sus críticas al régimen de Díaz Ordaz:

Por añadidura, Fuentes ha perpetrado una película subrepticiamente filmada y sacada de México, que denigra a su patria.

¿Qué le pasa a este genio –de la publicidad a toda cosa? ¿Qué opinará su papi, embajador de un país así deturpado por su nene?

Y nuestro embajador Zavala ¿habrá cumplido en París su elemental deber de contrarrestar los infundios del *romancier mexicain*? (17 de octubre de 1968)

En *La Cultura en México*, de *Siempre!*, Fuentes responde con acritud. Lo cierto es que Novo ha ido demasiado lejos en su desdén por el presente, ha hecho suya la causa de la represión y no le queda sino llamarse a sorpresa por lo que ocurre. No en balde ha invertido ya demasiados años en representar la Importancia Nacional y en canjear trivialidades: el Presidente Díaz Ordaz trae puesta la corbata que él le regaló, o el Presidente dialoga: "También estaban ahí [en casa del banquero Eduardo Villaseñor] Jaime Torres Bodet y Pepe Gorostiza. El Presidente le preguntó a Jaime si entre nosotros los escritores nos lanzábamos pullas. Jaime le aseguró que nos llevamos muy bien" (29 de octubre de 1966). Con todo, de vez en cuando, la gloriosa impertinencia vuelve por sus fueros: "anoté dos neologismos creados y emitidos en su discurso por el secretario de Educación Víctor Bravo

Ahuja: *desocultamiento* y *mostración*". (1 de diciembre de 1971)

FINAL SIN MORALEJA. "VENDADOS EN LOS CÍRCULOS DEL TIEMPO"

En sus años finales, Novo desiste de cualquier afán de singularidad, aunque siga siendo por lo menos un excéntrico, y se sumerge en la ronda de honores, comidas y cenas con visitantes ilustres, ceremonias conmemorativas, entrevistas rituales y apariciones cada viernes en el noticiero *24 Horas* de Jacobo Zabludovsky, con evocaciones de la vieja capital. Los amigos van muriendo, él habla incesantemente de sus enfermedades. El golpe más grave es la muerte de su madre, el 20 de noviembre de 1971.

Amelia López Espino tenía 17 años cuando nace Salvador, su hijo único. Es su censor, su compañía constante, su referencia inevitable, su amor concentrado y verdadero:

> y me senté en su cama y cogí su mano inerte, y contemplaba sus ojos cerrados y su respiración apenas perceptible en el filtro de oxígeno, y pasaron instantes como siglos de acendrado dolor, y de pronto, dulcemente, cesó todo signo de vida. Y puse su rosario en la mano que besé por última vez, y mientras Domitila y Gonzalo, sus fieles criados, prorrumpían en llanto; y la enfermera de día llegaba a amortajarla, yo me mordí el corazón y fui directamente al teléfono nuevo y privado: el que se instaló donde su timbrazo no pudiera perturbar a la enferma, y hablé a Gayosso de Félix Cuevas para solicitar el servicio fúnebre –e iniciar así la inexorable cadena de las veinticuatro horas más alucinadas, increíbles y dramáticamente ciertas que pueda vivir quien recoge en el medio ser que le queda al verse mutilado, la voluntad, la firmeza, la supervivencia que en él delega quien ya descansa; quien ya no siente; cuya sangre no fluye ya, ni ven sus ojos, ni ya sufre. (24 de noviembre de 1971)

Life must go on... I just forget why, musita el Maestro. El barroquismo inevitable en Novo, tan diluido o frustrado por su abrumadora crónica de sociales, que al final suele volverse ininteligible, recupera su precisión emotiva en el texto a la muerte de su madre.

La complacencia con que Novo reseña lo que ve y de lo que se entera, se interrumpe a momentos, como al precisar: "es difícil, complicado, llegar hasta el Colegio Nacional. Lo digo sin metáfora; no es que el quemado haya muerto de ardor" (es un secreto a voces que un grupo de El Colegio Nacional rechazó las candidaturas de Novo y Pellicer por su orientación sexual). Nada detiene desde luego su impulso gregario, ni el saberse "hemolítico, estreptocóccico y beta, fregado por los antibióticos, y aceleradamente desinflado gracias a una dieta que contradice el *feed a cold and starve a fever* de la antigua sabiduría" (14 de febrero de 1973).

El 13 de enero de 1974 muere Salvador Novo. Se vela el cuerpo en el Zócalo, en el Departamento del Distrito Federal, y la presencia relevante es María Félix. Se le entierra en el Panteón Jardín, ante un cortejo de actores, familiares, amigos, funcionarios, gente del pueblo (aquella no adscrita a ninguno de los sectores anteriores).

La leyenda permanece, la obra se recobra con amplitud y los lectores acuden con placer renovado o inaugural al gran escritor que se extravió en la respetabilidad y renovó su vigencia por el placer de la escritura.

Apéndice: "Un Quevedo tardío"

Entrevista con Salvador Novo

■

El 7 de septiembre de 1967, en el Museo de la Ciudad de México, se organizó un homenaje a Salvador Novo, el autor de *Nueva grandeza mexicana*. Cantaron Toña la Negra, Carlos Lico y María Luisa Landín, y en la parte final, auxiliado por Nancy Cárdenas entrevisté a Novo. Recupero este diálogo.

Carlos Monsiváis: ¿Cómo escribiría usted, para un diccionario de autores mexicanos no excesivamente técnico, la ficha de Salvador Novo?

Salvador Novo: Bueno, yo la haría en verso. Porque creo que toda mi larga, larguísima vida, está condensada para hacerla parecer más corta, en poemas desparramados aquí y allá, desde que hace muchos años, tenía nueve, y escribí el primer gran poema de mi vida. De modo que la haría en verso.

C.M.: ¿Escribiría usted un día en la vida del Novo porfiriano?

S.N.: ¿Del Novo porfiriano? Suena un poco excesivo. Del Novo de la época en que todavía nos gobernaba el general Díaz sí puedo hablar porque tengo una memoria, si no prenatal, sí kindergartenesca. Y claro, soy bastante dado a las evocaciones, y todos creo que somos afectos, mientras más envejecemos con mayor razón, a evocar, a echarnos atrás en el tiempo. A considerar, como el poeta, que cualquier tiempo pasado fue mejor, aunque no siempre sea por esta razón sino por la subconsciente razón de alejar la muerte. Si nos retraemos a nuestra infancia automáticamente nos alejamos de la muerte. Si nos quedamos donde estamos pues ya es tiempo de que nos den los Santos Óleos. Entonces yo soy muy afecto a hacer retroceder la muerte yéndome a la infancia. Y de la infancia recuerdo a esta Ciudad de México cuando tenía pues, empezaba a tener el uso de esto de que tanto abusamos y que es la razón. Un día, muy memorable fue aquel, en que el kindergarten Herbert Spencer a que yo concurría como distinguidísimo alumno, me llevaron al Teatro Arbeu, que ya no existe o que ya no funciona, para una fiesta evidentemente de fin de cursos. Fue mi primera comparecencia en un teatro, mi primer aplauso compartido con otros niños de mi edad, y quizá de mi indumentaria porque yo estaba vestido de terciopelo verde –monísimo–, vestido de marinero cargando un organillo y cantando: "Yo vengo de aquellas montañas más allá del mar". Y es todo lo que recuerdo. Fuera de que recuerdo también que el maestro don Justo Sierra nos concedió a todos los niños –no todos prodigios– de aquella festividad, unos diplomas. Y evidentemente, el primer retrato público, perdido para la historia por desgracia, pero quizás se podría encontrar en los archivos del mundo ilustrado, es uno en que me hicieron subir a un excusado para que me asomara por el hueco circular que había, y me tomaran una foto con aquellas explosiones de magnesio que entonces se usaban. Fue esto, como comprenderás Carlos, un día imborrable de mi vida.

C.M.: A diferencia de otros miembros de su generación como Carlos Pellicer, andariego de oficio, o Jaime Torres Bodet, viajero consumado, usted es hombre de pocos, contados (e inmediatamente descritos) viajes. Sus libros *Return Ticket, Continente vacío, Éste y otros viajes, La vida en México en el período presidencial de Miguel Alemán*, dan fe de esa parquedad turística, de ese repudio al desplazamiento. ¿Qué tiene que decir en descargo del Novo sedentario?

S.N.: Yo no diría que sea en descargo. Porque sería un cargo que no fuera uno viajero. Y no creo que deba uno practicar el turismo y echar a perder el paisaje con su presencia. Donde quiera que uno vaya se encuentra estos señores espantosos que tanto favorecen nuestra balanza de pagos en beneficio de los enterados pero yo no quiero sumarme a ellos. Se viajaría muy a gusto si no hubiera turistas pero como los hay en todas partes, prefiero no viajar. Soy demasiado perezoso para incurrir en los viajes. Y creo que es mejor quedarse en su casa, leer y escribir.

C.M.: La leyenda terrible, drástica, temible de Salvador

Novo ha sobrevivido a los veinte, la época de su inicio, y ha llegado hasta hoy, como una conseja mítica que mezcla sonetos clandestinos y demoledores, provocaciones a la moral tradicional, epigramas como pelotones de fusilamiento, frases de entomólogo, ironía y maledicencias formidables. ¿Qué tiene usted que decir en elogio del Novo de mala fe?

S.N.: Pues que le da a la literatura mexicana un Quevedo tardío. Si no fuera falta de respeto para los presentes, ilustraría –como me lo he propuesto hacerlo poéticamente– esta supuesta maledicencia.

C.M.: ¿Qué podría contarnos usted de alguno de sus célebres, continuos y muy celebrados pleitos de los veinte, los treinta o los cuarenta?

S.N.: He tenido varios, claro, pero el más perdurable en sus efectos, de un rencor que no se apacigua, es con Rodolfo Usigli. Habíamos puesto su "Gesticulador" en Bellas Artes, ¿tengo qué contarlo?

C.M.: Sí.

Novo: Ah bueno. Podía nomás haber mencionado a la persona. Pero en fin. A Rodolfo Usigli se le montó *El gesticulador* en Bellas Artes y los Generales se pusieron muy enojados. Tan enojados que nos llamaron a Carlos Chávez y a mí a Gobernación, donde estaba entonces Toto Pérez Martínez, o sea, Héctor Pérez Martínez, a quien tan malévolamente llamaban los periódicos de la tarde "el dentista Pérez", y nos dijeron que era necesario quitar esa obra porque los Generales estaban muy enojados. Y no está bueno meterse con los Generales. Entonces le fuimos a decir al camerino. Estaba Gómez de la Vega de rodillas, es decir estaba parado pero parecía que estaba de rodillas. Estaba en un intermedio de *El gesticulador* y le dijimos a Usigli: "pues fíjate que el ministro quiere que se quite tu obra y se va a quitar". Dijo: "No es posible porque Toto Pérez Martínez me ha dicho"... y no sé qué y total... y empezó a insultarme. Entonces yo me violenté y según la versión de Villaurrutia los últimos aplausos se los di en la cara.

C.M.: Fue entonces cuando usted llegó a *El gesticulador*

como Palillo *a la crème*... Muchos nos hemos preguntado cómo el Novo destructor ha sido no sólo aceptado sino literalmente entronizado por esa sociedad objeto y sujeto de su sátira. ¿Cuál es la posición de la defensa ante el acusado: Novo, hombre de sociedad?

S.N.: No, pues yo no creo que... ni que la haya yo ofendido mucho ni que me haya aceptado, la Sociedad. Ni que la frecuente yo mucho, yo a lo más que voy es a las fiestas de las Galindo, que son muy bonitas.

C.M.: Recordemos a Virginia Woolf: Desdichada profesión ésta donde uno para subsistir depende tan esencialmente del halago. ¿Cómo valora usted la capacidad literaria de Salvador Novo? ¿Cuál es el monto de su vanidad?

S.N.: Bueno, yo creo que ésta es evidente y que es la vanidad que conlleva pues está nacida del cotejo sincero de lo que uno produce con lo que producen los demás. Y reforzada por la generosa estimación que a uno le profesan y que a los otros escatiman, y la publicidad que uno no procura, pero que acepta muy contento, pues viene a ser como una tercera ratificación de que esta vanidad está fundada. Luego cuando uno se enfrenta a monstruos como Carlos Monsiváis, tan destructores, encuentra que no es todavía objeto de sus ataques o sus sátiras sino de su amistad, pues uno la estima y se envanece todavía más.

C.M.: El Novo de *Nuevo amor*, de "Never never clever", el Novo de "Tú, yo mismo, seco como un viento derrotado", el gran poeta del naufragio amoroso, permaneció en silencio (en lo que a la poesía se refiere) durante muchos años. ¿Considera usted una flagrante traición a la poesía?

S.N.: No, yo pienso que en poesía, a diferencia de todo lo demás que uno pueda escribir, no puede nadie sentarse a decir "yo voy a escribir un poema ahora". En eso sí creo que hay inspiración y un momento de fulguración interna para decidirlo a uno a escribir un poema. Yo no he traicionado a la poesía. Quizás la poesía me haya traicionado a mí. Eso, en la medida en que sigo creyendo que la poesía es el lenguaje de la juventud que no encuentra ni puede encontrar ni debe

encontrar otro para expresarse que la poesía, con sus acom-
pañantes del amor, de la emoción, de la comunicación apa-
sionada con el mundo o con las gentes. Cuando eso empieza
a ser grotesco, cuando lo va abandonando a uno esta juventud que es la dueña de la poesía, pues uno con pudor y con
recato va dejando de hacer poesía, porque la poesía lo va
dejando. Pero yo creo que no la he traicionado, porque he
seguido escribiendo y se lo puedo demostrar más adelante si
me hacen preguntas.

Colofón

■

Para esta crónica biográfica de Salvador Novo, me fueron indispensables las recopilaciones de la Dirección General de Publicaciones de Conaculta, algunas en colaboración con el Instituto Nacional de Antropología e Historia, que continúan y amplían el esfuerzo de Empresas Editoriales y de sus directores Rafael Giménez Siles y Emmanuel Carballo. En la recuperación resultó fundamental el apoyo del Estudio Salvador Novo, A. C. También consulté las ediciones del Fondo de Cultura Económica, que publicó la poesía.

EDICIONES DE CONACULTA Y EL INAH

La vida en México en el periodo presidencial de Lázaro Cárdenas, Compilación y nota preliminar de José Emilio Pacheco, 1994.

La vida en México en el periodo presidencial de Manuel Ávila Camacho, Compilación y nota preliminar de José Emilio Pacheco, 1994.

La vida en México en el periodo presidencial de Miguel Alemán, Compilación y nota preliminar de José Emilio Pacheco, 1994.

EDICIONES DE CONACULTA

Antología personal. Poesía 1915-1974, Lecturas Mexicanas, 1991.

La vida en México en el periodo presidencial de Adolfo Ruiz Cortines (tres tomos), Prólogo de Antonio Saborit, 1996.

La vida en México en el periodo presidencial de Adolfo López Mateos (dos tomos), Prólogo de Sergio González Rodríguez, 1997.

La vida en México en el periodo presidencial de Gustavo Díaz Ordaz (dos tomos), Prólogo de Antonio Saborit, 1998.

La vida en México en el periodo presidencial de Luis Echeverría,
Prólogo de Sergio González Rodríguez, 2000.

Merece una mención especial la edición de Conaculta de
La estatua de sal, 1998, prólogo de Carlos Monsiváis, que es el
origen de este libro. Al publicar estas memorias una editorial
del Estado mexicano, se evidenciaron los grandes avances de
la tolerancia y la incorporación al patrimonio de la literatura
canónica de libros hasta hace poco considerados "impublica-
bles".

EDICIONES DEL FONDO DE CULTURA ECONÓMICA

Viajes y ensayos I. Compilación de Sergio González Rodríguez.
Notas introductorias de Sergio González Rodríguez, An-
tonio Saborit y Mary K. Long. Hemerografía (1923-1940)
de Lligany Lomelí. Cronología de Antonio Saborit, 1996.
Viajes y ensayos II. Compilación y edición de Sergio González
Rodríguez y Lligany Lomelí. Nota introductoria de Mary
K. Long. Hemerografía (1923-1940) de Lligany Lomelí.
Cronología de Antonio Saborit, 1999.

En estos libros también fue muy valiosa la colaboración del
Estudio Salvador Novo, A. C.

C. M.

Índice

■

Fotocomposición: Maia Fernández Miret Schusseim
Impresión: Encuadernación Técnica Editorial, S. A.
Calz. San Lorenzo 279, 45-48, 09880 México, D. F.
25-X-2000
Edición de 4000 ejemplares que incluye un tiro especial de 300 ejemplares fuera
de comercio, realizada para conmemorar el 40 aniversario de Ediciones Era.

Carlos Monsiváis
en Biblioteca Era

A ustedes les consta
Antología de la crónica en México

Amor perdido

Días de guardar

Entrada libre
Crónicas de la sociedad que
se organiza

Los rituales del caos

Nuevo catecismo
para indios remisos